Kiivi köök

Avastage Uus-Meremaa kööki enam kui 100 traditsioonilise ja moodsa kiivi retseptiga, et rõõmustada oma maitsemeeli

Anu Kivi

Autoriõigus materjal ©2023

Kõik õigused kaitstud

Ühtegi selle raamatu osa ei tohi mingil kujul ega vahenditega kasutada ega edastada ilma kirjastaja ja autoriõiguste omaniku nõuetekohase kirjaliku nõusolekuta, välja arvatud ülevaates kasutatud lühikesed tsitaadid. Seda raamatut ei tohiks pidada meditsiiniliste, juriidiliste või muude professionaalsete nõuannete asendajaks.

SISUKORD

SISSEJUHATUS

Tere tulemast Kiwi kööki, kus kutsume teid ette kulinaarsele teekonnale läbi Uus-Meremaa ainulaadsete maitsete ja mitmekesise toidukultuuri. See kokaraamat tähistab parimat Aotearoa kööki, alates traditsioonilistest maoori roogadest kuni kaasaegse fusioonköögini. Rohkem kui 100 retseptiga avastate pika valge pilve maa maitseid, alates mahlakatest mereandidest kuni mahlase liha, maitsvate taimetoitlaste ja veganroogadeni ning loomulikult kiivide armastatud magusate roogadeni.

Kiivi köök, traditsioonilised retseptid, fusioonköök, maoori toidud, mereannid, liha, taimetoit, vegan, magusad maiustused, hooajalised tooted, kohalikust päritolust pärit koostisosad, traditsioonilised toiduvalmistamise tehnikad, kulinaarne seiklus, Uus-Meremaa toidukultuur, sauvignon blanc.

Kiivi on väike puuvili, tavaliselt väiksem kui tavaline õun või apelsin. Kuid ärge laske selle suurusel end petta. Kiivid on pakitud paljude maitseainetega ja on suurepärane toitumisallikas. Kiivi, mida nimetatakse ka kiiviks, hiina karusmarjaks või yang taoks, pärines Põhja-Hiinast, kus seda söödi enamasti meditsiinilistel eesmärkidel. Kui hea on kiivi teie jaoks? Siin on mõned põhjused, miks muuta kiivi oma dieedi tavapäraseks osaks:
- Parandab hingamisteede tervist
- Mängib rolli terves südames
- Toetab silmade tervist
- Aitab teil kvaliteetsemat und
- Hoiab ära vere hüübimise
- Võib aidata astma vastu
- Parandab seedimist
- Aitab reguleerida vererõhku
- Toetab immuunfunktsiooni
- Vähendab DNA kahjustusi
- Võitleb põletikuga
- Parandab naha tervist
- Toetab kaalulangust

HOMMIKUSÖÖK

1. **Kiivi papaia kausid**

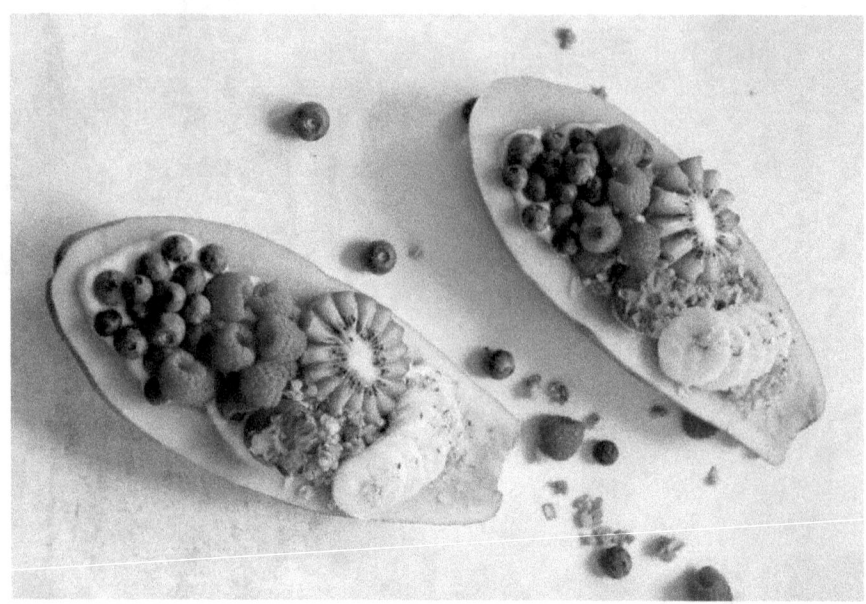

Valmistab: 4 portsjonit

KOOSTISOSAD
- 4 spl amaranti, jagatud
- 2 väikest küpset papaiat
- 2 tassi kookosjogurtit
- 2 kiivit, kooritud ja kuubikuteks lõigatud
- 1 suur roosa greip, kooritud ja segmenteeritud
- 1 suur nabaapelsin, kooritud ja segmenteeritud
- Kanepiseemned
- Mustad seesamiseemned

JUHISED
a) Kuumuta kõrget laia kastrulit keskmisel-kõrgel kuumusel mitu minutit. Kontrollige, kas pann on piisavalt kuum, lisades paar tera amaranti. Need peaksid värisema ja hüppama mõne sekundi jooksul. Kui ei, siis kuumuta panni minut kauem ja katseta uuesti. Kui pann on piisavalt kuum, lisa 1 spl amaranti.
b) Terad peaksid hakkama hüppama mõne sekundi jooksul.
c) Kata pott kaanega ja raputa aeg-ajalt, kuni kõik terad on paisunud. Valage potsatatud amarant kaussi ja korrake ülejäänud amarandiga, 1 supilusikatäis korraga.
d) Lõika papaiad pikuti pooleks, varrest sabani, seejärel eemalda ja visake seemned ära. Täida kumbki pool poputatud amarandi ja kookosjogurtiga.
e) Tõsta peale kiivi-, greibi- ja apelsinitükid ning puista peale kanepi- ja seesamiseemneid.

2. **Mustika kaerahelbe-jogurtipannkoogid**

Valmistab: 6 portsjonit

KOOSTISOSAD

- ½ pluss ⅓ tassi valget täistera nisujahu
- ½ tassi vanaaegset valtsitud kaera
- 1 ½ tl suhkrut
- ½ tl küpsetuspulbrit
- ½ tl söögisoodat
- ¼ teelusikatäit koššersoola
- ¾ tassi kreeka jogurtit
- ½ tassi 2% piima
- 1 tl oliiviõli
- 1 suur muna
- ½ tassi mustikaid
- 12 maasikat õhukesteks viiludeks
- 2 kiivit, kooritud ja õhukesteks viiludeks
- ¼ tassi vahtrasiirupit

JUHISED

a) Eelsoojendage mittenakkuva küpsetusplaat temperatuurini 350 kraadi F või kuumutage mittekleepuvat panni keskmisel-kõrgel kuumusel. Katke küpsetusplaat või pann kergelt mittenakkuva pihustiga.

b) Sega suures kausis jahu, kaer, suhkur, küpsetuspulber, sooda ja sool. Vahusta suures klaasist mõõtetopsis või teises kausis jogurt, piim, oliiviõli ja muna.

c) Valage märg segu kuivainetele ja segage kummilabidaga, kuni see on niiske.

d) Lisa mustikad ja sega õrnalt segamini.

e) Partiidena töötades tõsta ⅓ tassi iga pannkoogi tainast küpsetusplaadile ja küpseta, kuni peale ilmuvad mullid ja alumine pool on ilusti pruunistunud umbes 2 minutit. Pöörake ja küpsetage pannkooke teiselt poolt 1–2 minutit kauem.

f) Jagage pannkoogid, maasikad, kiivid ja vahtrasiirup toiduvalmistamise anumatesse. Säilib kaetult külmkapis 3-4 päeva.

g) Kuumutamiseks asetage 30-sekundiliste intervallidega mikrolaineahju, kuni see on läbi kuumenenud.

3. **Kiivi hommikusöök**

Valmistab: 1 portsjon

KOOSTISOSAD
- 1 pirn
- 2 sellerivart
- kollased kiivid
- 1 spl vett
- ½ tl jahvatatud ingverit

JUHISED
a)   Lõika pirnid, seller ja üks kiividest suurteks tükkideks ning sega blenderis 1 supilusikatäie veega ühtlaseks konsistentsiks.
b)   Tõsta peale teine tükkideks lõigatud kiivi ja jahvatatud ingver.

4. **Apelsini marmelaadi kaerahelbed**

Valmistab: 4

KOOSTISOSAD
- 2 tassi vanaaegset kaera
- 2¼ tassi vett
- 2¼ tassi piima
- ½ tl soola
- ½ tl jahvatatud kaneeli
- ¼ tassi suhkrut
- 2 supilusikatäit tavalist madala rasvasisaldusega kreeka jogurtit
- 2 spl apelsinimarmelaadi
- Apelsini ja kiivi viilud

JUHISED
a) Lisa kõik koostisosad peale kaunistuse kiirpotti.
b) Kinnitage pliidi kaas ja vajutage funktsiooniklahvi "Käsitsi".
c) Seadke aeg 6 minutiks ja küpseta kõrgel rõhul.
d) Pärast piiksu vabastage rõhk loomulikult ja eemaldage kaas.
e) Sega valmis kaerahelbed ja serveeri kausis.
f) Kaunista pealt apelsini- ja kiiviviiludega.

5. **Kiivi prantsuse röstsai**

Valmistab: 2

KOOSTISOSAD
- Leib
- pool tassi piima
- 2 muna
- Kallis
- vanilje ekstrakti
- muskaatpähkel
- kaneeli
- Või
- kiivi

JUHISED
a) Sega kõik koostisosad, välja arvatud sai, kahvliga. Leota saiatükke segus.
b) Prae pannil sulavõiga kuldpruuniks.
c) Tõsta serveerimistaldrikule.
d) Lisa peale tükk võid ja üks supilusikatäis mett.
e) Kaunista värskete kiividega ja naudi!

6. Rainbow Lime Chia puding

KOOSTISOSAD

- 1 ¼ tassi 2% piima
- 1 tass 2% tavalist kreeka jogurtit
- ½ tassi chia seemneid
- 2 supilusikatäit mett
- 2 spl suhkrut
- 2 tl laimikoort
- 2 spl värskelt pressitud laimimahla
- 1 tl vaniljeekstrakti
- 1 tass hakitud maasikaid ja mustikaid
- ½ tassi kuubikuteks lõigatud mangot ja ½ tassi kuubikuteks lõigatud kiivi

JUHISED

a) Vahusta suures kausis piim, jogurt, chia seemned, mesi, suhkur, laimikoor, laimimahl, vanill ja sool, kuni need on hästi segunenud.

b) Jagage segu ühtlaselt nelja (16 untsi) müüripurki. Katke ja jahutage üleöö või kuni 5 päeva.

c) Serveeri külmalt, maasikate, mango, kiivi ja mustikatega.

7. **Mustika Spirulina Üleöö Kaer**

Valmistab: 1

KOOSTISOSAD
- ½ tassi kaera
- 1 spl hakitud kookospähklit
- ⅛ teelusikatäit kaneeli
- ½ tl spirulinat
- ½ tassi taimset piima
- 1 ½ supilusikatäit taimset jogurtit
- ¼ tassi külmutatud mustikaid
- 1 tl kanepiseemneid valikuline
- 1 kiivi, viilutatud

JUHISED
a)   Lisage purki või kaussi kaer, hakitud kookospähkel, kaneel ja spirulina. Seejärel lisa taimne piim ja kookospähkel või naturaalne jogurt.
b)   Lisa peale külmutatud mustikad ja kiivi. Hoia külmkapis üleöö või vähemalt tund või rohkem.
c)   Enne serveerimist lisa soovi korral kanepiseemneid. Nautige!

8. <u>Laimi Linapuding</u>

Valmistab: 1 portsjon

KOOSTISOSAD
- 1 ¼ tassi 2% piima
- 1 tass 2% tavalist kreeka jogurtit
- ½ tassi linaseemneid
- 2 supilusikatäit mett
- 2 spl suhkrut
- 2 tl laimikoort
- 2 spl värskelt pressitud laimimahla
- 1 tl vaniljeekstrakti
- 1 tass hakitud maasikaid ja mustikaid
- ½ tassi kuubikuteks lõigatud mangot ja ½ tassi kuubikuteks lõigatud kiivi

JUHISED
c) Vahusta suures kausis piim, jogurt, linaseemned, mesi, suhkur, laimikoor, laimimahl, vanill ja sool, kuni need on hästi segunenud.
d) Jaga segu ühtlaselt nelja müüripurki.
e) Kata kaanega ja hoia üleöö või kuni 5 päeva külmkapis.
f) Serveeri külmalt, maasikate, mango, kiivi ja mustikatega.

9. **Matcha ja Butterfly herne smuutikauss**

Valmistab: 1

KOOSTISOSAD
- 1 tass spinatit
- 1 külmutatud banaan
- ½ tassi ananassi
- ½ tl kvaliteetset matcha pulbrit
- ½ tl vaniljeekstrakti
- ⅓ tassi magustamata mandlipiima

TOPPING
- Mint
- Kiivi
- Mustikad
- Chia seemned
- Kuivatatud Butterfly herne lilled

JUHISED
a) Aseta kõik smuuti koostisosad blenderisse.
b) Pulse ühtlaseks ja kreemjaks.
c) Vala smuuti kaussi.
d) Puista üle lisanditega ja söö kohe.

10. C-vitamiini papaiakausid

Serveerib 4

- 4 supilusikatäit (40 g) amaranti, jagatud
- 2 väikest küpset papaiat (igaüks umbes 1 nael ehk 455 g)
- 2 tassi (480 g) kookosjogurtit
- 2 kiivit, kooritud ja kuubikuteks lõigatud
- 1 suur roosa greip, kooritud ja segmenteeritud
- 1 suur nabaapelsin, kooritud ja segmenteeritud
- Kanepiseemned
- Mustad seesamiseemned

1   Kuumuta kõrget laia kastrulit keskmisel-kõrgel kuumusel mitu minutit. Kontrollige, kas pann on piisavalt kuum, lisades paar tera amaranti. Need peaksid värisema ja hüppama mõne sekundi jooksul. Kui ei, siis kuumuta panni minut kauem ja katseta uuesti. Kui pann on piisavalt kuum, lisa 1 supilusikatäis (10 g) amaranti. Terad peaksid hakkama hüppama mõne sekundi jooksul. Kata pott kaanega ja raputa aeg-ajalt, kuni kõik terad on paisunud. Valage poputatud amarant kaussi ja korrake ülejäänud amarantiga, 1 supilusikatäis (10 g) korraga.

2   Lõika papaiad pikuti pooleks, varrest sabani, seejärel eemalda ja visake seemned ära. Täida kumbki pool poputatud amarandi ja kookosjogurtiga. Tõsta peale kiivi-, greibi- ja apelsinitükid ning puista peale kanepi- ja seesamiseemneid.

EELROAD

11. Ingveriga kiivi

Teeb 4 portsjonit

KOOSTISOSAD
- 3 supilusikatäit suhkrut
- 3 supilusikatäit vett
- 2 supilusikatäit kristalliseerunud ingverit, hakitud
- ¼ tl vaniljeekstrakti
- 4 kiivi, kooritud ja viilutatud
- 2 apelsini, kooritud ja viilutatud

JUHISED

a) Segage väikeses kastrulis keskmisel kõrgel kuumusel suhkur, vesi ja ingver. Kuumuta keemiseni.

b) Pidevalt segades keeda, kuni segu saavutab kerge siirupi konsistentsi, umbes 3 minutit.

c) Eemaldage tulelt ja segage vaniljega. Jahutage veidi.

d) Magustoidus segage puuviljaviilud ja ingverisiirup õrnalt, kuni need on hästi segunenud.

e) Katke ja hoidke külmkapis, kuni see on hästi jahtunud, umbes 2 tundi.

12.   Banaani ja kiivi kevadrullid

Valmistab: 6 portsjonit

KOOSTISOSAD
- 3 suurt Tugevad, küpsed banaanid
- 3 meediumit Tugev, küps kiivi, kooritud ja viilutatud
- 6 kevadrulli ümbrist
- 3 spl helepruuni suhkrut
- 1 suur munavalge, kergelt lahtiklopitud
- Maapähkliõli, praadimiseks
- Kondiitri suhkur, rulli tolmutamiseks

JUHISED

a) Lõika banaan pikuti pooleks. Asetage üks banaan, lõikepool üleval, oma tööpinnale ja asetage 3 kuni 5 kiivi viilu.

b) Tõsta peale teine banaanipool.

c) Hoides banaanist kõvasti kinni, lõika see risti pooleks. Korrake ülejäänud banaani ja kiiviga. Asetage vedrurulli ümbris tööpinnale nurgaga enda poole. Asetage täidetud banaanipool horisontaalselt ümbrise keskele.

d) Puista banaanile 1½ tl pruuni suhkrut. Ümbrise alumise nurga jaoks üle banaani ja suruge see alla. Murra küljed sisse ja keera banaan peaaegu lõpuni rulli.

e) Pintselda ülemist nurka vähese munavalgega, rulli kokku ja vajuta tugevasti kinni.

f) Valmistage ülejäänud rullid samal viisil. Valage õli 2 tolli sügavusele vokkpannile või sügavale pannile ja kuumutage keskmisel-kõrgel kuumusel 375 kraadini.

g) Prae rullid, kolm korraga, sügavkuldseks, umbes 4 minutit. Praadimise ajal keerake mitu korda. Tõsta tangide või lõhikuga lusikaga kahekordsele paberrätikule nõrguma. Korrake sama ülejäänud rullidega.

h) Asetage rullid üksikutele taldrikutele ja puistake neile kondiitrite suhkrut. Soovi korral tõsta peale kookos-rummi või muud vahukoort.

i) Serveeri korraga.

13. Kiivi, maasika ja sinihallitusjuustu bruschetta

Valmistab: 12 portsjonit

KOOSTISOSAD
- 12 kiivi viilu
- 12 keskmist maasikat, kooritud ja viilutatud
- 1 tl suhkrut
- ¼ tassi vähendatud rasvasisaldusega toorjuustu
- ¼ tassi purustatud sinihallitusjuustu
- 2 tl vett, kui vaja
- 1 spl värsket murulauku, peeneks hakitud, lisaks veel kaunistuseks
- ¼ tl värskelt jahvatatud pipart
- 12 viilu täistera baguette, soojendatud või röstitud

JUHISED

a) Kombineerige kiivi, maasikad ja suhkur keskmises kausis ning laske seista.

b) Sega väikeses kausis kahvli abil toorjuust ja sinihallitusjuust. Vajadusel lisa vett, et saada paks, kuid määritav konsistents. Sega juurde 1 tl murulauku ja pipart.

c) Määri igale baguette'i tükile umbes 1 tl juustusegu. Tõsta peale kiivi-maasikasegu. Kaunista murulaukuga.

14. Kiivi lambaliha kreeka pähkli puffs

Mark: 12

KOOSTISOSAD
- 2, tükeldatud kiivi
- 2 lehte Valmis küpsetis
- 200 g lambahakkliha
- 4 purustatud kreeka pähklit
- 1 spl ingverit, värskelt riivitud
- 3 küüslauguküünt, hakitud
- ½ tl tšillipulbrit
- 1 tl Sriracha
- 1 tl koriandri pulbrit
- 1 tl köömne pulbrit
- 1 supilusikatäis sidrunimahla
- 2 supilusikatäit naatrium-sojakastet
- 1 tl Punase tšilli helbed
- 2 supilusikatäit Juustu segu
- sool - maitse järgi
- 2 tl õli
- 2 tl võid
- 1, väike munakollane
- 1 spl peterselli lehti, peeneks hakitud
- Seesamiseemned, kaunistamiseks

JUHISED
a) Kuumuta pann 1 tl õliga keskmisel kuumusel, lisa punased tšillihelbed, küüslauk, ingver ja prae minut aega. Lisa lambahakkliha vähese soola, tšillipulbri, koriandripulbri ja köömnepulbriga ning prae 5 minutit.
b) Lisa sojakaste ja sriracha kaste. Hoidke kuumust madalal, sulgege kaas ja laske 10 minutit podiseda. Segage seda aeg-ajalt. Lülitage välja, pigistage laimimahla, kaunistage petersellilehtedega, segage hästi ja jäta kõrvale.
c) Kuumuta ahi 220 kraadini C.

d) Laske kondiitriplaadil veidi pehmeneda, seejärel keerake lahti ja lõigake soovitud suurusteks. Lõikasin need ümmargusteks suurusteks.

e) Lusikaga lambaliha segu, lusikaga kiivi ja kreeka pähkleid ning peale juustu.

f) Vooderda küpsetusplaat alumiiniumfooliumiga ja määri õliga ning säti pätsikesed. Pintselda pätsikesed õli/või/klopitud munaga. Puista peale mõned seesamiseemned.

g) Küpseta 15-20 minutit, kuni on kuldpruun.

h) Soovi korral pintselda uuesti õli või võiga.

15. **Kiivi Ceviche**

Mark: 6

KOOSTISOSAD
MARINAADI JAOKS:
- 1 tass värsket laimimahla umbes
- ¼ tassi kooritud ja purustatud kiivi
- 3 tassi hakitud valget kala

KIWI-VEGGIE SEGU KOHTA:
- 1 ¼ tassi kuubikuteks lõigatud punast paprikat
- 1 ¼ tassi kuubikuteks lõigatud apelsini paprikat
- 1 tass kuubikuteks lõigatud punast sibulat
- ¾ tassi kooritud ja tükeldatud kiivi
- 2 spl hakitud jalapenot
- ½ tassi hakitud koriandrit
- 1 tl hakitud küüslauku
- 1 spl õli
- ¼ tassi laimimahla
- ½ tl soola

JUHISED
MARINEERI KALA

a) Segage suures klaas- või keraamilises kausis laimimahl, püreestatud kiivi ja kala. Kata kaanega ja jahuta vähemalt 1 tund kuni 4 tundi, segades poole marineerimisaja jooksul, kuni kala on läbipaistmatu.

TEE KIWI-VEGGIE SEGU

b) Keskmises klaas- või keraamilises kausis segage kuubikuteks lõigatud punane paprika, oranž paprika, punane sibul, kiivi, jalapeno, koriander, küüslauk, õli, laimimahl ja sool. Kõrvale panema.

SERVEERIMA

c) Nõruta marineeritud kalalt üleliigne laimimahl. Sega omavahel marineeritud kala ja kiivi-köögivilesegu. Hoia külmkapis või serveeri kausis jää peal. Naudi kreekerite, krõpsudega või salatimähistes.

16. Kiivid ja krevetid

Valmistab: 4 portsjonit

KOOSTISOSAD
- 3 kiivi
- 3 supilusikatäit oliiviõli
- 1 nael krevetid, kooritud
- 3 spl Jahu
- ¾ tassi Prosciutto, lõigatud õhukesteks ribadeks
- 3 šalottsibul, peeneks hakitud
- ⅓ teelusikatäit tšillipulbrit
- ¾ tassi kuiva valget veini

JUHISED

a) Koori kiivi. Jätke 4 viilu kaunistamiseks ja tükeldage ülejäänud puuviljad. Kuumuta raskel pannil või wokis õli. Viska krevetid jahusse ja prae 30 sekundit.

b) Lisa Prosciutto, šalottsibul ja tšillipulber. Prae veel 30 sekundit. Lisa tükeldatud kiivi ja prae 30 sekundit. Lisa vein ja vähenda poole võrra.

c) Serveeri kohe.

17. Härjatiivad kiivi dipikastmega

Valmistab: 1 portsjon

KOOSTISOSAD
- 1 nael kanatiivad

GLASUURI KOHTA:
- ½ tassi rohelise jalapeno pipra tarretist
- 1 suur küüslauguküüs, hakitud
- 1 spl pruuni suhkrut
- 1 kiivi, kooritud ja purustatud

DIPIKASTME JAOKS:
- 2 spl hakitud punast paprikat
- ¼ hunnik värsket koriandrit
- ⅛ väike magus sibul
- ½ Jalapeno pipart, seemnetest
- 2 tomatit, kestad eemaldatud ja tükeldatud
- 1 tl Värske laimimahl
- 1 kriips soola
- 2 spl pruuni suhkrut
- 2 spl Rohelise jalapeno pipra tarretist

TOPPING:
- 1 kiivi, kooritud ja purustatud

JUHISED
a) Kuumuta ahi 400 kraadini F.

GLASUURI KOHTA:
b) Sega tarretis, küüslauk, pruun suhkur ja kiivid ühtlaseks massiks. Vooderda küpsiseplaat fooliumiga ja piserda kergelt õliga.
c) Asetage kanatiivad fooliumile ja küpsetage eelsoojendatud ahjus 20–25 minutit või kuni need hakkavad pruunistuma.
d) Eemaldage tiivad ahjust ja pintseldage ohtralt glasuuriga, kuni need on korralikult kaetud. Pange tiivad tagasi ahju ja küpsetage veel 10 minutit.

DIPIKASTME JAOKS:

e) Asetage paprika, koriander, sibul, jalapeno pipar, tomatid, laimimahl, sool, pruun suhkur ja jalapeno tarretis terasest teraga varustatud segistisse või köögikombaini kaussi.
f) Blenderda, kuni kõik koostisosad on ühtlased.
g) Vala segatud segu kaussi ja lisa püreestatud kiivid. Segage, kuni see on hästi segunenud.
h) Serveeri tiivad koos dipikastmega.

18. Vegan viinamarja- ja marjapizza

Mark: 12

KOOSTISOSAD
- 1 suhkruküpsise koor

KOORJUUSTU TÄIDIS
- 8 untsi vegan toorjuustu stiilis määrdemääret
- 1 purk täisrasvast kookospiima, kuivained kooritud
- ⅓ tassi tuhksuhkrut
- 1 teelusikatäis. vanilje ekstrakti

Puuviljakate
- 8 suurt maasikat, viilutatud
- 4 kiivit, kooritud ja viilutatud
- ½ tassi mustikaid
- ½ tassi viinamarju poolitatud
- ¼ tassi vaarikaid
- 2 supilusikatäit lihtsat siirupit

JUHISED

i) Kuumuta ahi 350 F-ni. Pihustage 14-tolline pitsapann küpsetuspritsiga ja asetage kõrvale.

j) Määri küpsisetainas ühtlaselt ettevalmistatud pitsavormi. Torka kahvliga koore sisse mõned augud ja küpseta koort 12-15 minutit, kuni servad on kuldpruunid ja küpsis on keskelt küpsenud. Eemaldage ahjust ja asetage külmkappi või sügavkülma jahtuma.

k) Valmistage toorjuustutäidis. Täidise valmistamiseks tõsta kookospiimast kuivained keskmise suurusega kaussi välja. Lisa vegan toorjuustu stiilis määre, suhkur ja vanill ning sega saumikseriga täiesti ühtlaseks. Hoia kasutusvalmis külmkapis.

l) Pange pitsa kokku. Kui küpsis on jahtunud, lisage see toorjuustutäidisega, määrides seda isegi nihkelabidaga. Pange pitsa tagasi külmkappi, et täidis saaks puuviljade ettevalmistamise ajaks hanguda.

m) Viiluta maasikad ja kiivi. Lõika viinamarjad pooleks. Täitke jahutatud pitsa värskete marjadega, kaunistades need kontsentriliste ringidena. Pintselda marjadele sära andmiseks lihtsat siirupit.

n) Serveeri kohe või pane serveerimiseks külmkappi.

19. Puuvilja Brochette suupiste

Valmistab: 2 portsjonit

KOOSTISOSAD
- 1 tass kuubikuteks või südameteks lõigatud arbuusi
- 1 tass kuubikuteks või südameteks lõigatud kookospähklit
- 1 tass kuubikuteks või südameteks lõigatud kiivi
- ¼ tassi mustikat

JUHISED
a) Torka vardasse puuvili, torka sisse arbuus, siis kookospähkel, siis kiivi ja iga puuvilja vahele üks mustikas.
b) Jahutage puuviljad ja võtke suupiste kõikjale kaasa. Nautige

20. Kiivi laimi Nachos

KOOSTISOSAD

1 pakk tavalisi tortillakrõpse
4 kiivit, kooritud ja viilutatud
2 laimi mahl
1/4 tassi mett

JUHISED

Laota tortillalaastud vaagnale ja tõsta peale viilutatud kiivid. Nirista peale laimimahla ja mett.

SALATID

21. Salat tofu ja söödavate lilledega

Valmistab: 2 portsjonit

KOOSTISOSAD
SUVESALATIKS:
- 2 pead võisalatit
- 1 nael lambasalatit
- 2 kuldset kiivit kasutage rohelist, kui kuldset pole saadaval
- 1 peotäis söödavaid lilli pole kohustuslik – kasutasin oma aiast pärit õhtupriimulat
- 1 peotäis kreeka pähkleid
- 2 tl päevalilleseemneid valikuline
- 1 sidrun

TOFU FETA KOHTA:
- 1 plokk tofut kasutasin eriti tugevat
- 2 spl õunasiidri äädikat
- 2 spl värsket sidrunimahla
- 2 spl küüslaugupulbrit
- 2 spl sibulapulbrit
- 1 tl tilli värskelt või kuivatatult
- 1 näputäis soola

JUHISED
a) Lõika eriti tihke tofu kausis kuubikuteks, lisa kõik ülejäänud ained ja püreesta kahvliga.
b) Pane suletud anumasse ja hoia paar tundi külmkapis.
c) Serveerimiseks asetage suuremad lehed oma suure kausi põhja: võisalat ja lambasalat peal.
d) Viiluta kiivid ja aseta salatilehtede peale.
e) Puista kaussi veidi kreeka pähkleid ja päevalilleseemneid.
f) Valige ja hoolikalt oma söödavad lilled. Asetage need õrnalt salati ümber.
g) Võta tofufeta külmkapist välja, sel hetkel peaks saama selle sisse lõigata/murendada. Pange ümberringi mõned suured tükid.
h) Valage poole sidruni mahl üle ja tooge teine pool lauale, et lisada.

22. Aasia maitsetega puuviljaroog

Valmistab: 4 kuni 6 portsjonit

KOOSTISOSAD
- 8-untsine litšipurk, pakendatud siirupisse
- 1 laimi mahl
- 1 tl laimi koort
- 2 tl suhkrut
- ¼ tassi vett
- 1 küps mango, kooritud, kivideta ja 1/2-tollisteks kuubikuteks lõigatud
- 1 Aasia pirn, südamikust puhastatud ja 1/2-tollisteks kuubikuteks lõigatud
- 2 banaani, kooritud ja lõigatud 1/4-tollisteks segmentideks
- 1 kiivi, kooritud ja lõigatud 1/4-tollisteks segmentideks
- 1 spl purustatud soolamata grillitud maapähkleid

JUHISED
a) Pane litši siirup väikesesse kastrulisse.
b) Kuumuta litši siirupit koos laimimahla ja -koorega, samuti suhkru ja veega tasasel tulel, kuni suhkur lahustub. Lase keema tõusta, seejärel tõsta tulelt. Laske jahtuda.
c) Lisa litši sisaldavale roale mango, pirn, banaanid ja kiivid.
d) Serveeri pritsmete säilitatud siirupiga ja peotäie maapähklitega.

23. Vermitud kinoa puuviljasalat

Valmistab: 4 portsjonit

KOOSTISOSAD
- ¼ teelusikatäit soola
- 6 untsi kinoa, kuumtöötlemata
- ⅓ tassi piparmünt, hakitud
- ¼ tassi jogurtit
- 2 supilusikatäit apelsinimahla
- 1½ tassi maasikaid, viilutatud
- 2 keskmist kiivi
- 1 tass mandariini apelsine

JUHISED

a) Kuumuta keskmises kastrulis 2 tassi vett ja soola keemiseni ning lisa kinoa. Alanda kuumust ja hauta 15 minutit, kuni kinoa on läbipaistev. Sega köögikombainis või blenderis kokku piparmünt, jogurt ja mahl ning püreesta ühtlaseks massiks. Kõrvale panema.

b) Kõrvale kuus maasikaviilu ja kolm kiivi viilu kaunistamiseks. Segage suures serveerimiskausis ülejäänud maasikad, ülejäänud kiivid ja mandariiniapelsini osad. Vala jogurtikaste puuviljasegule ja viska katteks. Lisa keedetud kinoa ja sega ettevaatlikult läbi.

c) Kaunista reserveeritud maasika- ja kiiviviiludega. Hoidke kaanega 2 tundi külmkapis, kuni see on põhjalikult jahtunud.

24. Eksootiline puuviljasalat

Valmistab: 4 portsjonit

KOOSTISOSAD
- 6 kiivit, kooritud ja tükeldatud
- 2 banaani, kooritud ja tükeldatud
- 2 supilusikatäit kondiitri suhkrut
- 2 supilusikatäit sidrunimahla
- ½ tl vaniljeekstrakti
- ¼ tl jahvatatud Hiina 5-vürtsi pulbrit
- ½ vaarikaid
- Mango
- Ananass
- Kondiitrite suhkur
- Mündi lehed

JUHISED

a) Vahusta suhkur, sidrunimahl, vanill ja Hiina 5-vürtsi pulber, kohanda maitse järgi, lisades rohkem või vähem koostisosi. Lisa mangod ja vaarikad ning viska need kokku.

b) Vahetult enne serveerimist asetage kiivid ringikujuliselt iga nelja magustoidutaldriku välisservale, asetage kiividega kattuvad banaaniviilud, jättes magustoidutaldriku keskele ruumi.

c) Tõsta keskele lusikaga leotatud vaarikad ja mangod, puista üle kondiitri suhkruga ja kaunista piparmündilehtedega.

25. Pidulik puuviljasalat

Valmistab: 1 portsjon

KOOSTISOSAD
- 1 purk Ananassi tükid
- ½ tassi suhkrut
- 3 supilusikatäit universaalset jahu
- 1 muna, kergelt pekstud
- 2 purki mandariini apelsine
- 1 purk pirnid
- 3 iga kiivi
- 2 suurt   Õunad
- 1 tass pekanipähkli poolikud

JUHISED
a) Nõruta ananass, jäta mahl alles. Pange ananass kõrvale. Valage mahl väikesesse kastrulisse ning lisage suhkur ja jahu. Kuumuta keemiseni.
b) Sega kiiresti munaga ja küpseta, kuni see pakseneb. Eemaldage tulelt, jahutage.
c) Pane külmkappi. Segage suures kausis ananass, apelsinid, pirnid, kiivid, õunad ja pekanipähklid. Vala peale kaste ja sega korralikult läbi. Katke ja jahutage 1 tund.

26. Spinati, kiivi ja maasikasalat

Valmistab: 10 portsjonit

KOOSTISOSAD
- 2 kimp spinatit, pestud ja rebitud
- 2 kiivit, kooritud ja viilutatud
- 1-liitrine maasikad, kooritud ja viilutatud
- Riietus:
- 2 spl seesamiseemneid
- 1 spl mooniseemneid
- ¼ tassi siidri äädikat
- ¼ tassi granuleeritud suhkrut
- ½ tassi salatiõli
- 1 tl Worcestershire'i kastet
- ½ tl paprikat
- 4 tl Hakitud sibulat

JUHISED
a) Sega kastme koostisosad purki. Katke ja loksutage korralikult. Lase seista, et maitsed seguneksid.
b) Serveerimisel pane spinat salatikaussi.
c) Lisa kiivid ja maasikad. Viska üle kastmega.

27. Puuviljasalat Açaí marja-kvarkiga

Valmistab: 2 portsjonit

KOOSTISOSAD
- 1 õun
- 1 banaan
- 4 kiivi
- 200 grammi värskeid marju
- 200 grammi seemneteta viinamarju
- 100 grammi kvarki
- 1 spl mett
- 1 spl Açaí marja pulbrit

JUHISED

a) Loputage, neljandage, eemaldage südamik ja lõigake õunad tükkideks. Koori ja viiluta banaan. Koori ja veerandi kiivid pikuti. Lõika kiivid tükkideks. Loputage marjad ja kuivatage. Loputage viinamarjad ja poolitage, kui need on suured. Sega puuviljad ja jaga kaussidesse.

b) Sega kohupiim mee ja Açaí marjapulbriga ühtlaseks massiks. Lisage igale puuviljasalatile tükike maitsestatud kohupiima ja soovi korral kaunistage rabeda seesamiga.

28. Kiivi ja krevettide salat

KOOSTISOSAD

300 g kooritud krevette
2 kiivit, kooritud ja viilutatud
1 väike punane sibul, õhukeselt viilutatud
2 spl oliiviõli
1 spl valge veini äädikat
1 tl Dijoni sinepit
Sool ja pipar maitse järgi
Segatud salatilehed

JUHISED

Kastme valmistamiseks vispelda väikeses kausis oliiviõli, valge veini äädikas ja Dijoni sinep.
Sega suures kausis kokku krevetid, kiivid ja punane sibul.
Vala kaste krevetisegule ja viska katteks.
Maitsesta soola ja pipraga maitse järgi.
Serveeri segasalatilehtede peenral.

29. Kiivi ja lõhe salat

KOOSTISOSAD

300 g lõhefilee
2 kiivit, kooritud ja viilutatud
1 väike punane sibul, õhukeselt viilutatud
2 spl oliiviõli
1 spl sidrunimahla
1 tl mett
Sool ja pipar maitse järgi
Segatud salatilehed

JUHISED

Kuumuta ahi temperatuurini 200°C/180°C ventilaator/gaasimärk 6.

Maitsesta lõhefilee soola ja pipraga ning küpseta ahjus 15-20 minutit või kuni küps.

Kastme valmistamiseks vispelda väikeses kausis oliiviõli, sidrunimahl ja mesi.

Sega suures kausis kokku kiivid, punane sibul ja segatud salatilehed.

Helvestage lõhe kaussi ja valage kaste salatile.

Viska katteks ning maitsesta maitse järgi soola ja pipraga.

30. Kiivi ja tuunikala salat

KOOSTISOSAD

1 purk tuunikala, nõrutatud
2 kiivit, kooritud ja viilutatud
1 väike punane sibul, õhukeselt viilutatud
2 spl oliiviõli
1 spl palsamiäädikat
Sool ja pipar maitse järgi
Segatud salatilehed

JUHISED

Kastme valmistamiseks vispelda väikeses kausis oliiviõli ja palsamiäädikas.
Sega suures kausis kokku tuunikala, kiivid, punane sibul ja segatud salatilehed.
Vala kaste salatile ja viska peale.
Maitsesta soola ja pipraga maitse järgi.

PÕHIROOG

31. Chilli Con Quinoa

Valmistab: 6-8

KOOSTISOSAD
- 1 tass kiivikinoat, kuumtöötlemata
- 1 spl ekstra neitsioliiviõli
- 1 suur sibul, punane või pruun, tükeldatud
- 1 punane paprika, tükeldatud
- 4 küüslauguküünt, purustatud
- 800 g tükeldatud või sõelutud tomateid
- 2 spl tomatipastat
- 2 tassi köögiviljapuljongit
- 2 spl tšillipulbrit
- 2 tl jahvatatud köömneid
- 2 tl kakaopulbrit
- 2 tl paprikat
- 1 tl jahvatatud koriandrit
- 1 tl Cayenne'i pipart
- Sool ja pipar
- 2 x 400g purki ube, nõrutatud ja loputatud
- 1 x 400g purki musti ube, nõrutatud ja loputatud
- 1 x 400 g konservi maisiterad või värsked, kui hooajal
- ½ tassi koriandrit, hakitud 1 laimi mahl

SERVEERIMA:
- Hapukoor
- Riivitud maitsev juust
- Koriandri lehed

JUHISED

a) Loputage 1 tass kiivikinoat ja asetage 5 tassi veega kastrulisse. Kata kaanega ja kuumuta keemiseni. Alanda kuumust, et keeda umbes 20 minutit või kuni kinoa sabad eralduvad. Kurna liigne vesi ja pane kõrvale.

b) Kuumuta õli suures potis kõrgel kuumusel. Lisa sibul ja küpseta segades 4 minutit või kuni see on pehmenenud. Lisa küüslauk ja paprika ning küpseta veel minut.

c) Lisage kuubikuteks lõigatud tomatid, tomatipasta, keedetud kiivikinoa, puljong, tšillipulber, köömned, kakao, paprika, koriander ja cayenne'i pipar ning maitsestage maitse järgi soola ja pipraga. Kuumuta segu lihtsalt keemiseni, seejärel alanda kuumust keemiseni. Lase 30 minutit podiseda.

d) Lisage oad, mustad oad, mais, värske koriander ja laim ning küpseta, kuni see on läbi kuumutatud.

e) Serveeri kuumalt ja kaunista omal valikul värskete koriandrilehtede, hapukoore ja/või riivitud maitsva juustuga.

32. Quinoa tabbouleh kiiviga

Valmistab: 4

KOOSTISOSAD
- 1 ½ tassi kiivikinoat, kuumtöötlemata
- 1 ½ tassi värskeid ürte
- ½ väikest punast sibulat, hakitud
- 2 sidruni mahl
- ⅓ tassi ekstra neitsioliiviõli
- Sool ja pipar maitse järgi

JUHISED
a) Loputage 1½ tassi kiivikinoat ja asetage kastrulisse 6 tassi veega. Kata kaanega ja kuumuta keemiseni. Alanda kuumust, et keeda umbes 20 minutit või kuni kinoa sabad eralduvad. Kurna liigne vesi ja lase jahtuda.

b) Sega väiksemas kausis kokku värskelt hakitud ürdid, punane sibul ja sidrunimahl – lase 5 minutit marineerida, seejärel lisa oliiviõli. Kombineerige ürdisegu ja kiivikinoa ning segage.

c) Maitsesta soola ja pipraga maitse järgi.

33. Hiidlest kiivi-chardonnay kastmega

Valmistab: 4 portsjonit

KOOSTISOSAD
- 4 untsi hiidlesta fileed
- soola
- ¼ tassi jahu
- 3 kiivit, kooritud
- 3 šalottsibul, tükeldatud
- ¾ tassi Chardonnay veini
- 4 spl Selitatud võid
- 1 kiivi, kooritud ja viilutatud 8 tükiks
- ½ naela Magus või, külm, lõigatud väikesteks kuubikuteks
- soola

JUHISED

a) Puista hiidlest soolaga. Puista kala kergelt jahuga üle. Asetage suurele pannile selitatud või ja kuumutage seda keskmisel kuumusel, kuni see on kuum. Prae jahuga puistatud hiidlesta fileed 3–4 minutit mõlemalt poolt või kuni need on kuldpruunid ja just valmis.

b) Asetage igale neljale serveerimistaldrikule üks praetud hiidlestafilee. Vala peale Kiwi Chardonnay kaste. Kaunista iga roog 2 kiivi viiluga. KIWI CHARDONNAY KASTE: Aseta kiivid blenderisse ja püreesta.

c) Asetage väikesesse kastrulisse püreestatud kiivi, šalottsibul ja Chardonnay.

d) Kuumutage koostisaineid kõrgel kuumusel ja keetke neid 4–6 minutit või seni, kuni vedelik on vähenenud 3 supilusikatäiteni. Alanda kuumust keskmisele tasemele.

e) Pidevalt vahustades lisa ükshaaval võikuubikud. Lisa sool ja sega sisse. Tõsta kaste tulelt ja hoia soojas, kuni oled serveerimiseks valmis.

34. Röstitud kana ja kiivi vaarikaglasuuriga

Valmistab: 4 portsjonit

KOOSTISOSAD
- 1 x Vaarikaglasuur
- 2 tervet kana, poolitatud
- 1 tl Sool
- ¼ teelusikatäit pipart
- ¼ tassi võid, sulatatud
- 4 keskmist kiivi, kooritud, viilutatud

JUHISED

a) Puista kanale soola ja pipraga. Asetage kana, nahaga pool ülespoole, ühe kihina suurele madalale ahjupannile.

b) Pintselda kana võiga ja küpseta 400 F ahjus, piserdades sageli võiga, umbes 45 minutit või kuni kana on kahvliga pehme.

c) Nõruta rasv ära.

d) Lusikaga glasuur kana peale. Korrake glasuurimisprotseduuri, kasutades pannile kogunevat kastet.

e) Tõsta peale kiiviviilud, kasutades 1 kiivi poole kana kohta.

f) Pange tagasi ahju ja küpsetage umbes 3 minutit või kuni puuviljad ja kana on hästi glasuuritud.

35. Kiivi ja kana segatud praadimine

KOOSTISOSAD
2 kondita kanarinda, viilutatud
2 spl taimeõli
1 punane paprika, viilutatud
1 roheline paprika, viilutatud
1 suur sibul, viilutatud
2 küüslauguküünt, hakitud
2 kiivit, kooritud ja viilutatud
2 spl sojakastet
1 spl maisitärklist
Sool ja pipar maitse järgi
JUHISED

Kuumutage õli vokkpannil või suurel praepannil keskmisel-kõrgel kuumusel.

Lisa kana ja prae segades 3-4 minutit või kuni see on pruunistunud.

Lisage paprika, sibul ja küüslauk ning jätkake segades praadimist veel 3-4 minutit.

Sega väikeses kausis sojakaste ja maisitärklis ühtlaseks massiks.

Lisa pannile kiivid ja sega hulka sojakaste.

Jätka segades praadimist, kuni kaste on paksenenud ja kiivid läbi kuumenenud.

Maitsesta soola ja pipraga maitse järgi.

36. Kiivi ja sealiha segatud praadimine

KOOSTISOSAD

2 sealiha karbonaad, viilutatud
2 spl taimeõli
2 küüslauguküünt, hakitud
2 kiivit, kooritud ja viilutatud
1 spl sojakastet
1 spl mett
Sool ja pipar maitse järgi
Riis serveerimiseks

JUHISED

Kuumutage õli vokkpannil või suurel praepannil keskmisel-kõrgel kuumusel.

Lisa sealiha ja prae segades 3-4 minutit või kuni see on pruunistunud.

Lisa küüslauk ja jätka segades praadimist veel minut aega.

Lisa pannile kiivid, sojakaste ja mesi ning prae segades veel 2-3 minutit või kuni kiivid on läbi kuumenenud.

Maitsesta soola ja pipraga maitse järgi.

Serveeri riisi peale.

37. Kiivi ja veiseliha segades praadida

KOOSTISOSAD

400g veise välisfilee õhukesteks viiludeks
2 spl taimeõli
2 küüslauguküünt, hakitud
2 kiivit, kooritud ja viilutatud
1 spl austrikastet
1 spl sojakastet
Sool ja pipar maitse järgi
Riis serveerimiseks

JUHISED

Kuumutage õli vokkpannil või suurel praepannil keskmisel-kõrgel kuumusel.

Lisa veiseliha ja prae segades 3-4 minutit või kuni see on pruunistunud.

Lisa küüslauk ja jätka segades praadimist veel minut aega.

Lisa pannile kiivid, austrikaste ja sojakaste ning prae segades veel 2-3 minutit või kuni kiivid on läbi kuumenenud.

Maitsesta soola ja pipraga maitse järgi.

Serveeri riisi peale.

38. Kiivi ja köögiviljade segatud praadimine

KOOSTISOSAD

1 punane sibul, viilutatud
1 punane paprika, viilutatud
1 roheline paprika, viilutatud
1 porgand, viilutatud
2 küüslauguküünt, hakitud
2 kiivit, kooritud ja viilutatud
1 spl sojakastet
Sool ja pipar maitse järgi
Riis serveerimiseks

JUHISED

Kuumutage õli vokkpannil või suurel praepannil keskmisel-kõrgel kuumusel.
Lisa sibul, paprika ja porgand ning prae segades 3-4 minutit.
Lisa küüslauk ja jätka segades praadimist veel minut aega.
Lisa pannile kiivid ja sojakaste ning prae segades veel 2-3 minutit või kuni kiivid on läbi kuumenenud.
Maitsesta soola ja pipraga maitse järgi.
Serveeri riisi peale.

39. Kiivi ja veiseliha segades prae brokkoliga

KOOSTISOSAD

400g veise välisfilee õhukesteks viiludeks
2 spl taimeõli
2 küüslauguküünt, hakitud
2 kiivit, kooritud ja viilutatud
1 spl austrikastet
1 spl sojakastet
Sool ja pipar maitse järgi
1 pea brokkoli, lõigatud õisikuteks
Riis serveerimiseks

JUHISED

Kuumutage õli vokkpannil või suurel praepannil keskmisel-kõrgel kuumusel.
Lisa veiseliha ja prae segades 3-4 minutit või kuni see on pruunistunud.
Lisa küüslauk ja jätka segades praadimist veel minut aega.
Lisa pannile kiivid, austrikaste ja sojakaste ning prae segades veel 2-3 minutit või kuni kiivid on läbi kuumenenud.
Maitsesta soola ja pipraga maitse järgi.
Aurutage brokoliõisikud eraldi pannil pehmeks.
Serveeri veiseliha praepannil riisi peal koos aurutatud brokkoliga.

40. Kiivi ja kinoa salat

KOOSTISOSAD

1 tass kinoat, loputatud ja nõrutatud
2 tassi vett
2 kiivit, kooritud ja kuubikuteks lõigatud
1 väike kurk, tükeldatud
1 punane paprika, tükeldatud
1/4 tassi hakitud värsket peterselli
2 spl oliiviõli
1 spl sidrunimahla
Sool ja pipar maitse järgi

JUHISED

Aja keskmises potis vesi ja kinoa keema.
Alandage kuumust madalaks, katke kaanega ja hautage 15-20 minutit või kuni vesi on imendunud ja kinoa pehme.
Puhasta kinoa kahvliga ja tõsta suurde kaussi.
Lisa kaussi kiivid, kurk, punane paprika ja petersell.
Kastme valmistamiseks vispelda väikeses kausis kokku oliiviõli ja sidrunimahl.
Vala kaste kinoasalatile ja viska katteks.
Maitsesta soola ja pipraga maitse järgi.

41. Kiivi ja krevettide segatud praadimine

KOOSTISOSAD

400 g krevette, kooritud ja tükeldatud
2 spl taimeõli
2 küüslauguküünt, hakitud
2 kiivit, kooritud ja viilutatud
1 spl sojakastet
Sool ja pipar maitse järgi
1 punane paprika, viilutatud
Riis serveerimiseks

JUHISED

Kuumutage õli vokkpannil või suurel praepannil keskmisel-kõrgel kuumusel.

Lisa krevetid ja prae segades 3-4 minutit või kuni need on keedetud.

Lisa küüslauk ja jätka segades praadimist veel minut aega.

Lisa pannile kiivid, sojakaste ja punane paprika ning prae segades veel 2-3 minutit või kuni kiivid on läbi kuumenenud.

Maitsesta soola ja pipraga maitse järgi.

Serveeri riisi peale.

MAITSED

42. Kiivi vürtsikas salsa

Valmistab: 2-4 portsjonit

KOOSTISOSAD
- 6 kiivit, kooritud ja kuubikuteks lõigatud
- 2 Jalapeñot
- 1 šalottsibul, tükeldatud
- 1 roma tomat, tükeldatud
- 2 supilusikatäit koriandrit, viilutatud
- 1 spl murulauku
- 1 tl ingverit, riivitud
- Ekstra neitsioliiviõli
- Kosher sool, maitse järgi
- 1 laim

JUHISED

a) Sega keskmises kausis kiivi, jalapeño, šalottsibul, tomat, koriander, murulauk ja ingver.

b) Nirista üle 1 laimi ja ekstra neitsioliiviõliga

c) Maitsesta maitse järgi soolaga ja serveeri või säilita klaaspurgis külmkapis.

d) Võtke jahutist välja, et kasutada seda filmiõhtutel liha peal või maisikrõpsudega.

43. Maasika-kiivi moos

Valmistab: 1 portsjon

KOOSTISOSAD
- 2¾ tassi purustatud maasikaid
- 1¼ tassi kiivi, kooritud, tükeldatud
- 3¼ tassi suhkrut
- 1 pakk pektiinikristalle

JUHISED
a) Mõõda ettevalmistatud puuviljad suurde kaussi. Mõõda suhkur ja tõsta kõrvale.
b) Kombineerige pektiinikristallid ¼ tassi mõõdetud suhkruga. Lisa hästi segades vähehaaval puuviljadele.
c) Lase seista 30 minutit, aeg-ajalt segades. Sega juurde ülejäänud suhkur ja jätka segamist 3 minutit, kuni suurem osa suhkrust on lahustunud.
d) Valage puhastesse purkidesse või plastanumatesse. Katke tihedate kaantega ja laske toatemperatuuril seista, kuni see on hangunud.
e) Hoida sügavkülmas või 3 nädalat külmkapis. Teeb 6 tassi.

44. Kiivi daiquiri moos

Valmistab: 4 portsjonit

KOOSTISOSAD
- 5 Kiivi, kooritud
- 3 tassi suhkrut
- ⅔ tassi magustamata ananassimahla
- ⅓ tassi värsket laimimahla
- 3 untsi vedelat pektiini
- Roheline toiduvärv, valikuline
- 4 spl rummi

JUHISED
a) Täida keeva vee purk veega. Asetage purki 4 puhast poolpintist masonipurki. Kata kaanega, aja vesi keema ja keeda vähemalt 10 minutit, et steriliseerida purgid kuni 1000 jala kõrgusel.
b) Asetage kaaned keevasse vette ja keetke 5 minutit, et tihendussegu pehmeneks.
c) Püreesta kiivid suures roostevabast terasest või emailitud kastrulis õunakastmeks. Sega juurde suhkur, ananass ja laimimahl.
d) Kuumuta keemiseni, sega, kuni suhkur lahustub.
e) Pidevalt segades keeda tugevalt 2 minutit.
f) Eemaldage tulelt ja segage pektiin. Jätkake segamist 5 minutit, et vältida puuviljade ujumist. Sega juurde rumm.
g) Valage moos kuuma steriliseeritud purki ¼ tolli täpsusega ülemisest servast.
h) Eemaldage õhumullid, libistades kummist spaatliga klaasi ja toidu vahele, ning reguleerige pea ruumi ¼ tollini. Pühkige purgi serva, eemaldades kleepuvuse. Keerake purgi keskele lukustav kaas, kinnitage kruviriba, kuni see on sõrmeotsaga pingul. Asetage purk purki. Korrake sama ülejäänud moosiga.
i) Kata purk, pane vesi keema ja töötle 5 minutit. Jahuta 24 tundi. Kontrollige purkide tihendeid.
j) Eemaldage kruviribad. Pühkige purgid, märgistage ja hoidke neid jahedas pimedas kohas.

45. Kiivi kompott

Mark: 8

KOOSTISOSAD
- 5 kiivit
- 2 spl suhkrut
- 2 tl värsket sidrunimahla

JUHISED

a) Koori kiivid ja tükelda jämedalt, seejärel lisa ülejäänud koos suhkru ja sidrunimahlaga potti. Lisa pannile lõikelaualt saadud kiivimahl.

b) Keera kuumus keskmisele, sega potti korralikult läbi ja lase keema tõusta. Alanda kuumust ja hauta 5 minutit.

c) Püreesta veidi kahvliga, et osa kiivitükke purustada.

d) See on kohe kasutamiseks valmis või säilita külmkapis kaanega anumas kuni 1 nädal.

46. Kiivi moos

KOOSTISOSAD

- 1¼ naela (550 g) kiivi
- 2 naela suhkrut (eelistatavalt vahukoor)
- ½ pudelit vedelat pektiini
- 2 supilusikatäit (30 ml) sidrunimahla

JUHISED

a) Koorige viljad õhukeselt ja eemaldage varre otsast kõva tükk.
b) Purusta puuviljad põhjalikult ja sega suhkruga.
c) Lase 1 tund soojas köögis seista, aeg-ajalt segades.
d) Lisage vedel pektiin ja segage hoolikalt.
e) Lisa sidrunimahl ja sega 2 minutit, et segu põhjalikult seguneks.
f) Tõsta sobivatesse väikestesse sügavkülmikumahutitesse, jättes ruumi paisumiseks.
g) Kata sügavkülma fooliumi või toidukilega.
h) Lase 24–48 tundi soojas köögis seista, seejärel külmuta.

47. Kiivi rosina chutney

KOOSTISOSAD

4 kiivit, kooritud ja tükeldatud
1/4 tassi rosinaid
1/4 tassi hakitud sibulat
1/4 tassi õunasiidri äädikat
1/4 tassi pruuni suhkrut
1/4 tl jahvatatud ingverit
1/4 tl jahvatatud kaneeli
Sool ja pipar maitse järgi

JUHISED

Sega keskmises kastrulis kiivid, rosinad, sibul, äädikas, pruun suhkur, ingver ja kaneel.

Kuumuta segu keemiseni, seejärel alanda kuumust ja hauta 20-25 minutit või kuni chutney on paksenenud.

maitsesta soola ja pipraga.

Serveeri maitseainena grill-liha kõrvale või määrdena võileivale.

48. Kiivi Guacamole

KOOSTISOSAD

2 küpset avokaadot, kooritud ja kivideta
2 kiivit, kooritud ja kuubikuteks lõigatud
1/4 tassi kuubikuteks lõigatud punast sibulat
1/4 tassi hakitud värsket koriandrit
1 laimi mahl
Sool ja pipar maitse järgi

JUHISED

Püreesta avokaadod keskmises kausis kahvli või kartulimassiga.
Lisa kiivid, punane sibul, koriander ja laimimahl ning sega ühtlaseks.
Maitsesta soola ja pipraga maitse järgi.
Serveeri dipikastmena tortillakrõpsudega või tacode lisandina.

49. Kiivi ja piparmünt Chutney

KOOSTISOSAD

2 kiivit, kooritud ja tükeldatud
1/4 tassi värskeid piparmündi lehti
1/4 tassi hakitud sibulat
1 spl sidrunimahla
1/2 tl jahvatatud köömneid
Sool ja pipar maitse järgi

JUHISED

Sega köögikombainis kiivid, piparmündilehed, sibul, sidrunimahl ja köömned.
Pulse, kuni segu on ühtlane ja hästi segunenud.
Maitsesta soola ja pipraga maitse järgi.
Serveeri maitseainena grill-liha kõrvale või määrdena võileivale.

50. Kiivi ja kurgi Raita

KOOSTISOSAD

1 tass tavalist kreeka jogurtit
1 kiivi, kooritud ja kuubikuteks lõigatud
1 väike kurk, kooritud ja kuubikuteks lõigatud
1/4 tassi hakitud värskeid piparmündi lehti
Sool ja pipar maitse järgi

JUHISED

Klopi keskmises kausis kokku jogurt, kiivi, kurk ja piparmündilehed.

Maitsesta soola ja pipraga maitse järgi.

Serveeri India roogade lisandina või dipikastmena pitaleiva või juurviljadega.

51. Kiivi ja ananassi salsa

KOOSTISOSAD

2 kiivit, kooritud ja kuubikuteks lõigatud
1 tass kuubikuteks lõigatud värsket ananassi
1/4 punast sibulat, tükeldatud
1/4 tassi hakitud värsket koriandrit
1 laimi mahl

JUHISED

Sega keskmises kausis kiivid, ananass, punane sibul ja koriander.
Lisa laimimahl ja sega ühtlaseks.
Maitsesta soola ja pipraga maitse järgi.
Serveeri grillitud kala või kana lisandina.

52. Kiivi ja Jalapeno Relish

KOOSTISOSAD

2 kiivit, kooritud ja kuubikuteks lõigatud
1 jalapeno pipar, seemnetest puhastatud ja hakitud
1/4 tassi hakitud punast sibulat
1 spl mett
1 spl õunasiidri äädikat
Sool ja pipar maitse järgi

JUHISED

Sega keskmises kausis kiivid, jalapeno pipar, punane sibul, mesi ja äädikas.
Maitsesta soola ja pipraga maitse järgi.
Serveeri maitseainena grill-liha kõrvale või burgeri lisandina.

53. Kiivi ja mango chutney

KOOSTISOSAD

2 kiivit, kooritud ja tükeldatud
1 mango, kooritud ja tükeldatud
1/4 tassi hakitud punast sibulat
1/4 tassi õunasiidri äädikat
1/4 tassi pruuni suhkrut
1/2 tl jahvatatud köömneid
Sool ja pipar maitse järgi
JUHISED

Sega keskmises kastrulis kiivid, mango, punane sibul, äädikas, pruun suhkur ja köömned.
Kuumuta segu keemiseni, seejärel alanda kuumust ja hauta 20-25 minutit või kuni chutney on paksenenud.
Maitsesta soola ja pipraga maitse järgi.
Serveeri maitseainena grill-liha kõrvale või määrdena võileivale.

54. Kiivi ja laimivõi

KOOSTISOSAD

1/2 tassi soolamata võid, pehmendatud
2 kiivit, kooritud ja purustatud
1 laimi mahl ja koor
Sool ja pipar maitse järgi

JUHISED

Sega keskmises kausis või, purustatud kiivid, laimimahl ja laimikoor.
Maitsesta soola ja pipraga maitse järgi.
Serveeri määrdena leivale või grillitud liha või juurviljade lisandina.

MAGUSTOIT

55. Maasika kiivi rullkook

Valmistab: 8 portsjonit

KOOSTISOSAD
- 1 tass suhkrut
- 11 supilusikatäit universaalset jahu
- 1 spl vett
- 6 suurt muna
- 1 spl kuuma vett
- 2 tassi rasket koort
- 3 supilusikatäit taimeõli
- 1 tl vaniljeekstrakti
- 1 tass maasikaid, tükeldatud
- 2 supilusikatäit mett
- 1 tass kiivi, tükeldatud

JUHISED

a) Kuumuta pliit temperatuurini 375 °F ja aseta küpsetuspaber 16×11 küpsetusplaadile.

b) Aja jahu läbi sõela segamisnõusse.

c) Vahusta munavalgeid 60 sekundit vahuks, seejärel lisa aeglaselt suhkur ja vahusta kuni saavutab maksimumi, elektrimikseri puhul oleks see parem.

d) Seejärel lisa ettevaatlikult ükshaaval munakollased lisamise vahepeal 60 sekundit vahustades, kui kõik on sees, lisa vesi ja õli ning klopi uuesti 10 sekundit.

e) Nüüd segage aeglaselt jahu ja segage hästi.

f) Lisage koogisegu küpsetusplaadile ja kukutage plaati paar korda, et õhk väljuks.

g) Küpseta ahjus 12-15 minutit.

h) Kui valmis, võta välja ja aseta peale küpsetuspaber, seejärel keera välja, eemalda paber aluselt ja aseta jahutusrestile.

i) Kuni see jääb soojaks, rulli see küpsetuspaberiga kokku, jättes selle koogirulli sisse.

j) Laske sellel veel 10 minutit jahtuda.

k) Sega oodates mesi ja vesi kokku ning aseta küljele.

l) Vahusta rõõsk koor vanilje ja ülejäänud suhkruga tipptasemeks.
m) Järgmiseks võtke kook ja rullige see lahti, võtke paber välja ja lõigake üks ots viltu, et saada viimistletud välimus.
n) Määri koogile meega ja seejärel kreemiga.
o) Lisage kiivi ja maasikad, seejärel rullige see kokku ja hoidke seda ümaraks, asetades selle välisküljele pärgamendipaberi.
p) Jäta 20 minutiks külmkappi seisma, et kuju säiliks.
q) Võtke viil ja serveerige.

56. Premier valge puuviljatort

Valmistab: 1 portsjon

KOOSTISOSAD
- Ühekoorilise 9-tollise piruka küpsetis
- ⅓ tassi granuleeritud suhkrut
- ¼ tassi universaalset jahu
- 3 munakollast
- 1 tass piima
- 6 untsi valgeid küpsetusribasid, tükeldatud
- 1 tl vaniljeekstrakti
- ¼ tassi aprikoosimoosi, soojendatud
- 2 kiivi, kooritud ja viilutatud
- 1 tass vaarikaid
- Premier White Leaves, valikuline

JUHISED
a) Vooderda 9-tolline koogipann saiaga ja lõika servad ära. Torgi tainas kahvliga läbi. Küpseta eelkuumutatud 425-kraadises F. ahjus 10–12 minutit, kuni koorik on kergelt pruunistunud. Jahuta toatemperatuurini.
b) Sega väikeses potis suhkur ja jahu ning sega juurde munakollased ja piim. küpseta keskmisel kuumusel pidevalt segades, kuni segu keeb.
c) Vähendage kuumust. Hauta pidevalt segades 3 minutit, kuni segu on paksenenud ja ühtlane. Eemaldage kuumusest.
d) Lisa küpsetusribad ja vanill ning sega ühtlaseks. Vajutage kile otse täidise pinnale ja jahutage täielikult.
e) Eemalda pannilt hapukoor. Pintselda põhjale moos ja lase 5 minutit seista.
f) Määri täidisega. Aseta peale puuviljad. Jahutage. Soovi korral kaunista valgete lehtedega.

57. Kiivi sorbett

Valmistab: 4

KOOSTISOSAD
- 8 kiivi
- 1⅓ tassi lihtsat siirupit
- 4 tl värsket sidrunimahla

JUHISED
a)	Koori kiivid. Püreesta köögikombainis. Sul peaks olema umbes 2 tassi püreed.
b)	Sega juurde lihtne siirup ja sidrunimahl.
c)	Vala segu jäätisemasina kaussi ja külmuta. Palun järgige tootja kasutusjuhendit.

58. Kiivi avokaado pudingukausid

Valmistab: 4

KOOSTISOSAD
- 3 küpset avokaadot, kooritud ja kivideta
- ½ tassi tavalist kreeka jogurtit
- ½ tassi värskelt pressitud laimimahla
- 2 spl värskelt pressitud sidrunimahla
- Koor 1 laimist
- 4 spl mett või agaavisiirupit
- ½ tl vaniljeekstrakti
- Peen meresool
- Magustamata röstitud kookoshelbed
- Tükeldatud india pähklid
- Kiivi, kooritud ja viilutatud
- Vaarikad

JUHISED
a) Lisa köögikombaini kaussi avokaado viljaliha, jogurt, laimimahl, sidrunimahl, laimikoor, mesi või agaav, vanill ja näpuotsaga soola. Töötle pidevalt, kuni see on hästi segunenud ja ühtlane, umbes 1 minut.
b) Jaga puding kausside vahel. Kõige peale kookoshelbed, India pähklid, kiivid ja vaarikad.
c) Tee sellest veganiks | Seda magustoidukaussi on uskumatult lihtne kohandada veganisõbralikuks. Kasutage magusainena agaavi ja vahetage kreeka jogurt mittepiimajogurti vastu. India pähkli- ja mandlijogurtid on minu parimad asendajad, kuigi ka kookos- ja sojajogurtid töötavad hästi.

59. Rainbow Lime Chia puding

Valmistab: 1 portsjon

KOOSTISOSAD
- 1 ¼ tassi 2% piima
- 1 tass 2% tavalist kreeka jogurtit
- ½ tassi chia seemneid
- 2 supilusikatäit mett
- 2 spl suhkrut
- 2 tl laimikoort
- 2 spl värskelt pressitud laimimahla
- 1 tl vaniljeekstrakti
- 1 tass hakitud maasikaid ja mustikaid
- ½ tassi kuubikuteks lõigatud mangot ja ½ tassi kuubikuteks lõigatud kiivi

JUHISED
d)	Vahusta suures kausis piim, jogurt, chia seemned, mesi, suhkur, laimikoor, laimimahl, vanill ja sool, kuni need on hästi segunenud.
e)	Jaga segu ühtlaselt nelja müüripurki. Kata kaanega ja hoia üleöö või kuni 5 päeva külmkapis.
f)	Serveeri külmalt, maasikate, mango, kiivi ja mustikatega.

60. Viinamarja- ja kiivitort

Valmistab: 1 portsjon

KOOSTISOSAD
- 1 hapukoor, küpsetatud
- ¼ tassi suhkrut
- 3 spl Jahu, universaalne
- 1 želatiinümbrik
- ¼ teelusikatäit soola
- 2 muna, suured
- 1 munakollane, suur
- 2 supilusikatäit mandli ekstrakti
- ½ naela Viinamarjad, seemneteta rohelised
- 3 kiivi, keskmine
- ½ tassi koort, vahustades
- 2 spl õunaželee

JUHISED
a) Valmistage ette ja küpsetage eemaldatava põhjaga hapupannil 10-tolline hapukoor.
b) Jahuta restil.
c) Segage raskes 2-liitrises kastrulis suhkur, jahu, želatiin ja sool.
d) Klopi väikeses kausis vispli või kahvliga munad ja munakollane piimaga ühtlaseks seguks ning sega želatiinisegu hulka.
e) Lase 1 minut seista, et želatiin veidi pehmeneks. Keeda tasasel tulel pidevalt segades, kuni segu pakseneb ja katab lusika hästi, umbes 15 minutit.
f) Tõsta kastrul tulelt ja sega juurde mandliekstrakt või mandliliköör.
g) Kata kaanega ja jahuta, kuni segu lusika pealt maha kukkudes kergelt kuhjub, umbes 1 tund, aeg-ajalt segades. Vahepeal lõika iga viinamarja pikuti pooleks. Koori ja viiluta kiivi õhukeselt. Tõsta viinamarjad ja kiivi kõrvale.
h) Vahusta väikeses kausis segistiga keskmisel kiirusel mikseriga keskmisel kuumusel, klopi vahukoor, kuni moodustuvad jäigad

tipud. Vahusta kummilabida või traatvispliga vahukoor mandlikreemi hulka.

i) Tõsta vanillikaste ühtlaselt jahtunud Tart-koore sisse. Aseta viinamarjad, lõikepool allapoole, ja kiivid kontsentriliste ringidena tordile.

j) Eemaldage ettevaatlikult koogivormi külg. Sulata väikeses kastrulis keskmisel kuumusel aeg-ajalt segades õunatarretis.

k) Pintselda kondiitripintsliga ettevaatlikult sulatatud tarretisega. Tõsta tort külmkappi, kuni täidis on täielikult tahenenud.

61. Maasika kiivi pirukas

Valmistab: 10 portsjonit

KOOSTISOSAD
- ⅔ tassi keevat vett
- 3 untsi Box Strawberry-Kiwi JELL-O
- ½ tassi külma vett
- Jääkuubikud
- 8 untsi vann COOL WHIP
- 9 untsi Grahami kreekeripuru koorik
- 3 viilu kiivi, kaunistuseks
- 1 maasikas, kaunistuseks
- Kaunistuseks COOL WHIP

JUHISED
a) Segage keeva vett suures kausis JELL-O-sse 2 minutit või kuni see on lahustunud.
b) 1¼ tassi valmistamiseks segage külm vesi ja jää. Lisa vähehaaval želatiinile, sega kuni veidi pakseneb.
c) Eemaldage ülejäänud jää.
d) Sega vannis COOL WHIP traatvispliga ühtlaseks massiks. Hoia külmkapis 10–15 minutit või kuni segu on väga paks ja hakkab kuhjuma. Tõsta lusikaga koorikusse.
e) Hoia külmkapis 4 tundi või kuni taheneb. Vahetult enne serveerimist kaunistage COOL WHIP-iga, mis on ümbritsetud 3 kiivi viiluga, ja terve maasikaga, viilutatud ja lehvitatud.

62. Valge šokolaadi mousse ja kiivikaste

Valmistab: 4 portsjonit

KOOSTISOSAD
- 1½ želatiinilehte
- 7 untsi valget šokolaadi
- 1 muna
- 3 kiivi
- Sidruni viilud
- Viilutatud maasikad või kiivi
- 1 munakollane
- 1 spl Cointreau või Grand Marnier
- 10 untsi koort
- Tuhksuhkru puuviljaviilud

JUHISED

a) Leota želatiinilehti külmas vees 10 minutit, et need pehmeneksid. Sulata šokolaad kuumakindlas kausis kuuma, kuid mitte keeva vee kohal. Lase jahtuda, kuid mitte tarduda.

b) Klopi muna ja munakollane roostevabast terasest kausis kuuma, kuid mitte keeva vee kohal, kuni see pakseneb. Pigista želatiinilehed ja sega sooja munasegu hulka kuni sulamiseni. Lasta jahtuda, samal ajal veel kloppides.

c) Lisa segule vähehaaval sulatatud šokolaad, kuni segu on ühtlane ja ühtlane. Sega juurde liköör.

d) Vahusta koor paksuks ja sega ettevaatlikult šokolaadisegu hulka.

e) Pane vaht 2 tunniks külmkappi, kuni see on tardunud.

f) Vahepeal valmista kaste. Koori kiivid ja püreesta mikseris või köögikombainis. Vajadusel lisa maitse järgi tuhksuhkrut.

g) Hoia kastet kuni serveerimiseni külmas.

h) Valage 4 üksikule roale veidi kastet. Vormi vahust kahe sooja supilusikaga munakujulised pallid ja aseta need kastme peale.

i) Kaunista mõne sidrunilehe, viilutatud maasikate või kiivi viiludega.

63. Tsitrusviljade hapukoore pirukas

Portsjon: 8 portsjonit

Koostisained
- 2/3 tassi suhkrut
- 3 supilusikatäit maisitärklist
- 2 suurt munakollast, lahtiklopitud
- 3/4 tassi apelsinimahla
- 2/3 tassi 2% piima
- 2 spl sidrunimahla
- 1 tass hapukoort
- 1 Grahami kreekerikoor (9 tolli)

TOPPING:
- 1 tass rasket vahukoort
- 2 spl kondiitri suhkrut
- 1/4 tl vaniljeekstrakti
- Riivitud apelsinikoor
- Valikulised puuviljakatted: mandariiniapelsinid, viilutatud värsked maasikad ja viilutatud kiivid

Suund

a) Kombineerige maisitärklis ja suhkur suures mikrolaineahjus kasutatavas kausis. Segage väikeses kausis sidrunimahl, piim, apelsinimahl ja munakollased. Seejärel sega suhkrusegu hulka, kuni need muutuvad ühtlaseks.

b) Küpseta mikrolaineahjus kõrgel temperatuuril 5–7 minutit, segades iga minuti järel, kuni segu jõuab 160°-ni. Laske jahtuda toatemperatuurini; suruge kile vanillikaste pinnale. Aseta külmkappi kuni jahtumiseni.

c) Voldi sisse hapukoor; tõsta täidis koorikule. Laske kaanega jahtuda vähemalt 4 tundi või kuni üleöö.

d) Vahetult enne kasutamist klopi koor suures kausis lahti, kuni see hakkab paksenema.

e) Pange vanilje ja kondiitritoodete suhkur; klopi, kuni moodustub jäigad tipud.

f) Määri pirukale. Puista peale apelsinikoor ja soovi korral tõsta peale puuvilju.

64. Triibulised puuviljad

Portsjon: 1 tosin

Koostisained
- 3/4 tassi mett, jagatud
- 2 tassi viilutatud värskeid maasikaid
- 12 plasttopsi või paprikavormi (igaüks 3 untsi)
- 12 plasttopsi või paprikavormi (igaüks 3 untsi)
- 6 kiivi, kooritud ja viilutatud
- 12 popsipulka
- 1-1/3 tassi viilutatud värskeid küpseid virsikuid

Suund

a) Töötle maasikad ja veerand tassi mett segistis kaanega, kuni need segunevad. Tõsta vormidesse või tassidesse. Aseta pooleks tunniks sügavkülma, kuni taheneb.
b) Töötle kiivi ja veerand tassi mett segistis kaanega, kuni need on segatud. Vala peale tahke maasikakiht; pane sisse popsicle pulgad. Aseta sügavkülma tahkeks.
c) Korrake protsessi ülejäänud mee ja virsikutega; kanda kiivikihi peale. Aseta sügavkülma tahkeks.

65. Kihiline värske puuviljasalat

Portsjon: 12 portsjonit

Koostisained
- 1/2 tl riivitud apelsinikoort
- 2/3 tassi apelsinimahla
- 1/2 tl riivitud sidrunikoort
- 1/3 tassi sidrunimahla
- 1/3 tassi pakitud helepruuni suhkrut
- 1 kaneelipulk

PUUVILJA SALAT:
- 2 tassi kuubikuteks lõigatud värsket ananassi
- 2 tassi viilutatud värskeid maasikaid
- 2 keskmist kiivi, kooritud ja viilutatud
- 3 keskmist banaani, viilutatud
- 2 keskmist apelsini, kooritud ja tükeldatud
- 1 keskmine punane greip, kooritud ja tükeldatud
- 1 tass seemneteta punaseid viinamarju

Suund
a) Keeda esimesed 6 koostisosa kastrulis. Alanda kuumust ja hauta 5 minutit ilma kaaneta.
b) Laske täielikult jahtuda ja visake kaneelipulk ära.
c) Tehke suures klaaskausis puuviljakihid. Määri pealt mahlaseguga.
d) Kata kaanega ja hoia mitu tundi külmkapis.

66. Baileys Panna Cotta

Valmistab: 6 portsjonit

KOOSTISOSAD
KOOKOSPANNA COTTA:
i) 1 supilusikatäis maitsestamata želatiinipulbrit
j) 1 supilusikatäis vett
k) 2¼ tassi Baileys
l) ¾ tassi konserveeritud magustamata kookoskoort
m) ¼ tassi granuleeritud suhkrut
TÄIENDAVAD TÄIDISED:
n) kuldne kiivi
o) roheline kiivi
p) mango

JUHISED
- Määri ramekiinid või serveerimisnõud kookosõliga. Kõrvale panema.
- Sega väikeses kausis želatiinipulber veega.
- Segage ja laske 5 minutit seista, kuni niiskus on täielikult imendunud.
- Sega keskmises kastmepotis Baileys, kookoskoor ja suhkur.
- Seadke keskmisel kuumusel ja laske keema tõusta.
- Jätkake kuumutamist, kuni suhkur on lahustunud.
- Eemaldage kuumusest ja laske 5-8 minutit jahtuda.
- Lisa želatiin. Segage, kuni želatiin on täielikult lahustunud.
- Jagage Baileysi segu ettevalmistatud määritud ramekiinide vahel. Jahuta toatemperatuurini.
- Kata kaanega või hoia õhukindlas anumas külmkapis vähemalt 6 tundi, kõige parem on üleöö.
- Vormi eemaldamiseks kasta ramekiinid ükshaaval 3-5 sekundiks sooja vette kaussi.
- Kui panna cotta ikka ei eraldu, tõmmake õhukese noa või väikese nihkelabidaga mööda ramekiini servi, et see lahti saada. Pööra ramekin serveerimistaldrikusse.
- Kaunista lisanditega ja serveeri kohe.

67. Jäätis kiivi ja banaaniga rummisiirupis

Valmistab: 1 portsjonit

KOOSTISOSAD
- 1 tass vett
- ¼ tassi suhkrut
- 1 spl tume rumm
- ¼ teelusikatäit Värskelt riivitud laimikoort
- 1 kiivi; kooritakse, lõigatakse pikuti neljaks ja lõigatakse tükkideks
- 1 väike banaan
- Vaniljejäätis

JUHISED
a) Hauta väikeses kastrulis vett koos suhkru, rummi ja koorega 5 minutit. lisa kiivi ja hauta 2 minutit. Lõika banaan ¼-tollisteks viiludeks ja hauta siirupis 30 sekundit.
b) Tõsta puuviljad lusikaga kaussi. Keeda siirupit, kuni see on umbes ½ tassi ja sega puuviljadega.
c) Serveeri puuvilju ja siirupit jäätise peal.

68. Kiivi gelato

Valmistab: 4 portsjonit

KOOSTISOSAD
1 tass vett
½ tassi suhkrut
½ tassi heledat maisisiirupit
4 kiivi; pared
5 supilusikatäit sidrunimahla
¼ teelusikatäit sidrunikoort; riivitud

JUHISED
a) Sega kastrulis vesi, suhkur ja maisisiirup. Keeda ja sega 2 minutit või kuni suhkur on lahustunud. Püreesta kiivi köögikombainis või blenderis ¾ tassi püreeks. Lisa sidrunimahl, koor ja suhkur.
b) Valage madalasse metallpannile ja külmutage umbes 1 tund või kuni segu on kindel, kuid mitte tahke.
c) Jahtunult tõsta lusikaga jahutatud kaussi ja klopi elektrimikseriga, kuni segu on kerge ja kohev.
d) Pange see umbes 2 tunniks tagasi sügavkülma või kuni see on kühveldamiseks piisavalt kõva.

69. Nutella Pavlova

Valmistab: 4-6 portsjonit

KOOSTISOSAD
BESEKE
- 3 munavalget
- 1 näputäis koort hambakivi
- ¾ Tassi granuleeritud suhkrut
- 1 tl puhast vaniljeekstrakti

KREEM
- ½ tassi vahukommi kreemi
- ½ tassi crème fraiche'i juhised
- 1 tass vahukoort

GARNISEERIMINE
- 1 kiivi, kooritud ja õhukesteks viiludeks
- 1 tass viilutatud maasikat
- 2 spl kuivatatud jõhvikaid, hakitud
- 2 supilusikatäit Nutellat

JUHISED
- Enne millegi muu tegemist seadke ahi 275 kraadini F ja vooderdage küpsetusplaat küpsetuspaberiga.
- Lisa kaussi munavalged ja tartarikoor ning vahusta kuni moodustuvad pehmed piigid, lisades suhkrut 1 spl kaupa.
- Lisa vanill ja klopi ühtlaseks.
- Laota besee ettevalmistatud ahjuplaadile 10-tolliseks ringiks, surudes servad üles, et moodustada keskele süvend.
- Küpseta ahjus umbes poolteist tundi.
- Lülitage ahi välja, kuid jätke besee sees kuivama.
- Tõsta besee serveerimisvaagnale.
- Sega kausis kokku vahukommikreem ja crème fraiche.
- Voldi sisse vahukoor.
- Määri vahukommisegu jahtunud besee peale ning kaunista viilutatud kiivi ja maasikatega.
- Nirista peale Nutellat ja serveeri kuivatatud jõhvikatega.

70. Kiivi-roosa limonaadipirukas

Valmistab: 4 portsjonit

KOOSTISOSAD
Pirukakoor:
- 1¼ tassi grahami kreekeripuru
- ⅓ tassi sulatatud võid
- ¼ tassi suhkrut

TÄITMINE:
- 3 munakollast
- 1¼ tassi piima
- 1⅛ tassi granuleeritud suhkrut
- 3 supilusikatäit maisitärklist
- 1 tl sidruniekstrakti
- Roosa toiduvärv
- 2 sidruni riivitud koor
- 1 tl vaniljeekstrakti

SERVEERIMA:
- 3 kooritud ja viilutatud kiivit
- 1 tass sidrunimarmelaadi

JUHISED
Pirukakoor:
a) Kuumuta ahi 325-ni.
b) Kombineeri kreekeripuru, suhkur ja või.
c) Suru kooresegu pirukavormi ja hoia kasutusvalmis külmkapis.

TÄITMINE:
d) Kuumuta piim topeltboileri peal keeva vee kohal.
e) Sega suhkur maisitärklisega ja vahusta piima hulka.
f) Lisa sidruniekstrakt, toiduvärv, sidrunikoor ja vanill ning sega korralikult läbi.
g) Vala segu pirukakoore sisse.
h) Küpseta 25 minutit ahju keskosas või kuni taheneb.
i) Jahuta pirukat 10 minutit.

SERVEERIMA:

j) Sulata marmelaad madalal kuumusel ja pintselda õhukese kihina piruka pinnale.
k) Aseta kiivid kattuvate kihtidena, et katta piruka ülaosa täielikult.

71. Värskete puuviljade tacod

KOOSTISOSAD
- Täistera tortillad (väikesed)
- Vesi
- Jahvatatud kaneel
- Suhkur
- Kreeka jogurt (vanilje maitsega)
- Teie valik värskeid puuvilju (kuubikuteks):
- Maasikad
- Mangod
- Ananassid
- Kiivid

JUHISED
a) Kuumuta ahi temperatuurini 325 ° F.
b) Lõika ümmarguse plastikust küpsisevormi abil täistera nisutortilladest (umbes 2 väikese tortilla kohta) väikesed ringid.
c) Laota need väikesed tortillad küpsetuspannile. Valage vesi väikesesse kaussi; Määri tortillade pealmine külg kergelt veega, kasutades harja.
d) Sega kausis väike kogus jahvatatud kaneeli ja suhkrut; puista niisketele tortilladele kaneeli ja suhkru segu.
e) Tõmmake iga tortilla tangide abil eraldi röstri ahju restile, lastes tortilla külgedel langeda kahe restil oleva metallvarda vahele.
f) Küpseta u. 5–7 minutit, kontrollides tortillasid perioodiliselt.
g) Tõsta tangide abil tortillad restilt ja tõsta jahutusrestile; tortillad peaksid jääma sellesse tagurpidi asendisse jahtuma, mis on taco kuju moodustamise viimane etapp.
h) Tõsta jahtunud taco kestad taldrikule ja aseta tortilla koore sisse vaniljekreeka jogurtit; kasutage lusikaga koore põhja ja külgede silumiseks ja katmiseks.
i) Tõsta oma lemmikpuuvili koore sisse ja naudi!

72. Puuviljatäidisega madala rasvasisaldusega kakaod

Valmistab: 6 portsjonit

KOOSTISOSAD

- ¼ tassi jahu
- ¼ tassi suhkrut
- 1 spl Küpsetuskakaod
- 2 supilusikatäit 2% piima
- 2 spl Õli
- 1 munavalge
- 1 tl vaniljeekstrakti
- Soola maitse järgi
- 8 untsi Puuviljamaitseline madala rasvasisaldusega jogurt
- 4 kiivi; kooritud, viilutatud
- 6 suurt maasikat; viilutatud
- 8 untsi Mango coulis
- 1 unts Vaarikakaste
- 1 pint Värsked vaarikad
- 6 oksakest värsket piparmünt

JUHISED

d) Kombineerige kausis 8 esimest koostisosa; klopi ühtlaseks. Jahuta, kaanega, 2 tundi.

e) Asetage 3 supilusikatäit korraga keskmisel kuumusel kuumutatud 8-tollisele mittenakkuvale pannile. Küpseta 2 minutit või kuni taigen tundub kuiv; keerata. Küpseta 1 minut kauem. Eemaldage ja katke traatrestile; jahuta 15-20 minutit.

f) Määrige jogurtiga pooled igast küpsetatud koorest. Pane jogurtile vaheldumisi 5 viilu kiivi ja 5 viilu maasikat. Voldi kestad kokku, et moodustada tacosid.

g) Laota mango coulis 3x4-tolliste ovaalidena 6 plaadi alumisele poolele.

h) Pipe vaarikakaste 2 triibuga risti risti. Keera kastmed noaga läbi.

i) Aseta igale taldrikule coulis'i kõrvale 1 taco. Kaunista iga taldrik vaarikate ja piparmündiga.

73. Roheline AÇAÍ kauss puuviljade ja marjadega

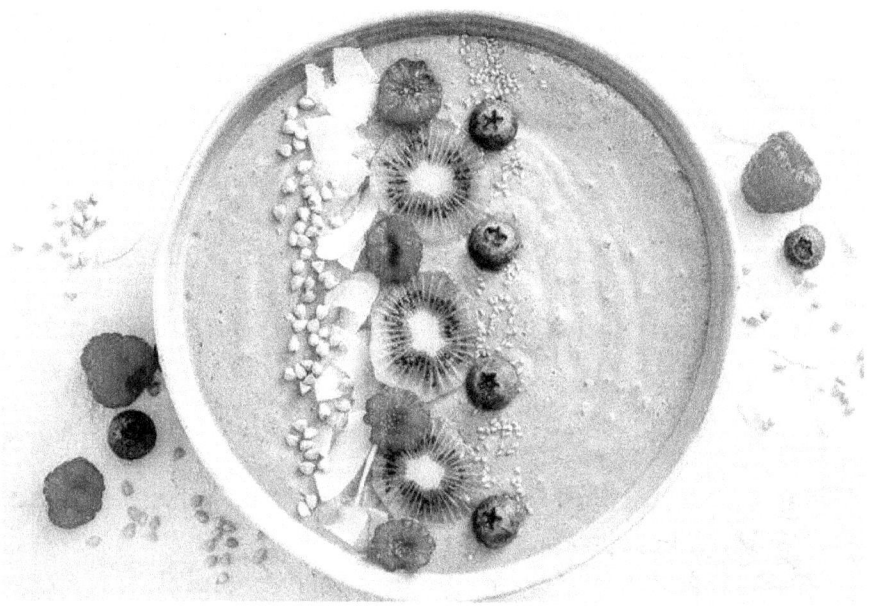

Valmistab: 2 portsjonit

KOOSTISOSAD
- ½ Açaí püree
- ⅛ Tass šokolaadikanepipiima
- ½ banaani
- 2 supilusikatäit kanepivalgu pulbrit
- 1 tl Maca
- Lisandid: värsked hooajalised puuviljad, kanepiseemned, värske banaan, kuldsed marjad. Valged moorusmarjad, Goji marjad, kiivi

JUHISED
o) Pane kõik blenderisse, blenderda päris paksuks – vajadusel lisa vedelikku – ja kalla kaussi.
p) Lisage puuvilju ja kõike muud, mis teile meeldib!

74. Vikerkaare puuviljatort

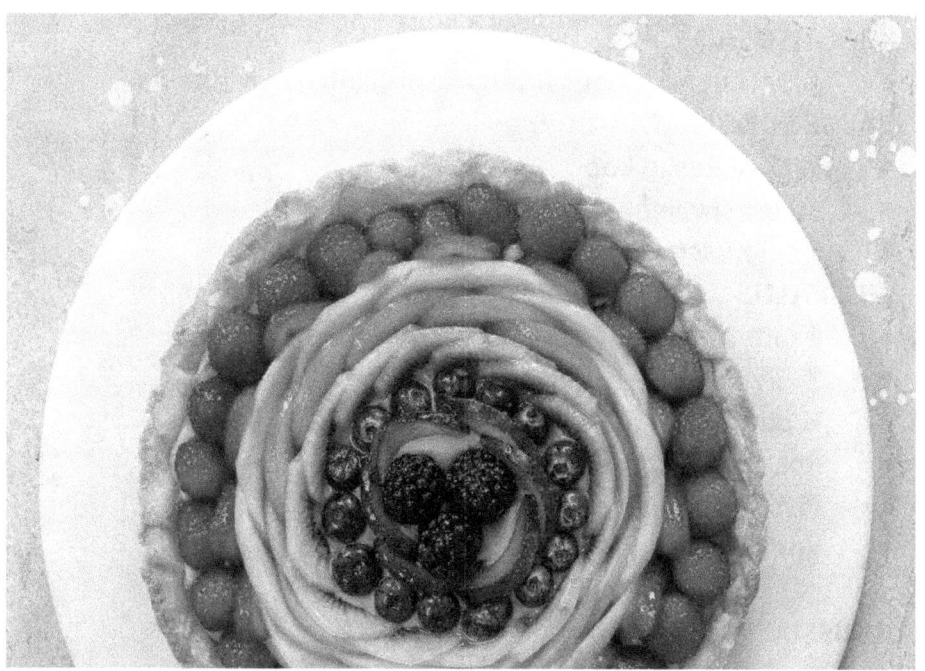

Valmistab: 8 portsjonit

KOOSTISOSAD
- ½ portsjonit magusat tainast pirukate ja tortide jaoks

VALGE ŠOKOLAADI TÄIDIS
- ⅔ tassi Raske koor
- 10 untsi valget šokolaadi
- 1 spl Kirsch või valge rumm

VIIMISTLUS
- 1 pint maasikaid
- 2 kiivit
- ½ pinti vaarikaid
- Röstitud viilutatud mandlid või hakitud
- Pistaatsiapähklid
- Kondiitrite suhkur

JUHISED
a) Hapukoore jaoks kuumuta ahi 350 kraadini ja sea rest keskmisele tasemele. Määri hapupann võiga. Rulli tainas jahusel pinnal rulli ja vooderda sellega 9-tolline koogipann. Torgake tainas kahvli otsadega läbi ja vooderdage pärgamendi või vahapaberiga.

b) Täida kuivade ubadega. Küpseta hapukoort umbes 20–30 minutit, kuni see on kuiv ja sügavkuldne. Jahuta hapukoor restil.

c) Šokolaaditäidise jaoks lase koor keskmisel kastrulis madalal kuumusel keema.

d) Tõsta tulelt ja lisa korraga šokolaad. Raputage panni nii, et kogu šokolaad oleks vee all ja laske 3 minutit seista, et šokolaad sulaks.

e) Lisa liköör ja vahusta ühtlaseks. Valage täidis kaussi ja hoidke seda külmkapis, kuni see pakseneb, kuid mitte kõvaks, umbes 20 minutit, aeg-ajalt segades, kuni see jahtub.

f) Vahusta täidist veidi, et see oleks laialivalgumiseks piisavalt ühtlane.

g) Määri täidis ühtlaselt jahtunud hapukoore sisse.

h) Aseta puuviljad kontsentriliste ridadena šokolaaditäidisele, vajutades neid kergelt sisse.

i) Tordi vormist lahti saamiseks asetage koogipann suurele purgile või kanistrile ja laske panni küljel ära kukkuda.

j) Libista tort panni põhjast suurele lamedapõhjalisele vaagnale.

k) Vahetult enne serveerimist äärista tort mandlite või pistaatsiapähklitega ning puista üle kondiitri suhkruga.

75. Premier valge puuviljatort

Valmistab: 1 portsjon

KOOSTISOSAD
- Ühe koorega kondiitritooted; 9-tolline pirukas
- ⅓ tassi granuleeritud suhkrut
- ¼ tassi universaalset jahu
- 3 munakollast
- 1 tass piima
- 6 untsi pakk valgeid küpsetusbatoone, tükeldatud
- 1 tl vaniljeekstrakti
- ¼ tassi aprikoosimoosi; soojendatud
- 2 kiivi; kooritud ja viilutatud
- 1 tass vaarikaid
- Premier White Leaves, valikuline

JUHISED

a) Joondage 9-tolline hapupann kondiitritoodetega; trimmi servad.

b) Torgi tainas kahvliga läbi. Küpseta eelkuumutatud 425-kraadises F. ahjus 10–12 minutit, kuni koorik on kergelt pruunistunud. Jahuta toatemperatuurini.

c) Sega pannil suhkur ja jahu; sega hulka munakollased ja piim.

d) Kuumuta keskmisel kuumusel pidevalt segades, kuni segu keeb.

e) Vähendage kuumust. Hauta pidevalt segades 3 minutit, kuni segu on paksenenud ja ühtlane. Eemaldage kuumusest.

f) Lisa küpsetusribad ja vanill; sega ühtlaseks.

g) Vajutage kile otse täidise pinnale; jahuta täielikult.

h) Eemalda pannilt hapukoor. Pintselda põhjale moos; lase seista 5 minutit.

i) Määri täidisega. Aseta peale puuviljad. Jahutage. Soovi korral kaunista valgete lehtedega.

76. Vaarika kiivi rullkook

Portsjonid: 8 inimest

KOOSTISOSAD

- 1 tass suhkrut
- 11 spl universaalset jahu
- 1 spl vett
- 6 suurt muna
- 1 spl kuuma vett
- 2 tassi rasket koort
- 3 supilusikatäit taimeõli
- 1 tl vaniljeekstrakti
- 1 tass vaarikaid, tükeldatud
- 2 supilusikatäit mett
- 1 tass kiivi, tükeldatud

JUHISED

a) Kuumuta pliit temperatuurini 375 °F ja aseta küpsetuspaber 16×11 küpsetusplaadile.
b) Aja jahu läbi sõela segamisnõusse.
c) Vahusta munavalgeid 60 sekundit vahuks, seejärel lisa aeglaselt suhkur ja vahusta kuni saavutab maksimumi, elektrimikseri puhul oleks see parem.
d) Seejärel lisa ettevaatlikult ükshaaval munakollased lisamise vahepeal 60 sekundit vahustades, kui kõik on sees, lisa vesi ja õli, vahusta uuesti 10 sekundit.
e) Nüüd segage aeglaselt jahu ja segage hästi.
f) Lisage koogisegu küpsetusplaadile ja kukutage plaati paar korda, et õhk väljuks.
g) Küpseta ahjus 12-15 minutit.
h) Kui valmis, võta välja ja aseta peale küpsetuspaber, seejärel keera välja, eemalda paber aluselt ja tõsta jahutusrestile.
i) Kuni see jääb soojaks, rulli see küpsetuspaberiga kokku, jättes selle koogirulli sisse.
j) Laske sellel veel 10 minutit jahtuda.
k) Sega oodates mesi ja vesi kokku ning aseta küljele.

l) Vahusta rõõsk koor vanilje ja ülejäänud suhkruga tipptasemeks.
m) Järgmiseks võtke kook ja rullige see lahti, eemaldage paber ja lõigake üks ots viltu, et see viimistleks.
n) Määri koogile meega ja seejärel kreemiga.
o) Lisage kiivi ja vaarikad, rullige see kokku ja hoidke seda ümaraks, asetades selle välisküljele küpsetuspaberi.
p) Jäta 20 minutiks külmkappi seisma, et kuju säiliks.
q) Võtke viil ja serveerige.

77. Punane sametine puuviljakook

Valmistab: 3 portsjonit

KOOSTISOSAD

- 200 grammi Maida
- 220 grammi tuhksuhkrut
- 1 spl kakaopulbrit
- 150 ml taimeõli
- 250 ml petipiima
- 1 tl küpsetuspulbrit
- ½ tl Söögisoodat
- ¼ teelusikatäit soola
- ½ teelusikatäit äädikat
- 1 spl vaniljeessentsi
- ½ tassi rasket koort

GARNISEERIMISEKS:

- Šokolaadikunst
- Kiivi ja viinamarjad
- Kallis
- Armsad kalliskivid

JUHISED

a) Lisage kaussi kõik ülalnimetatud kuivained ja sõeluge need kokku, et vältida tükkide tekkimist.

b) Nüüd lisa pett, taimeõli, vaniljeessents ja peedipasta ning sega ühtlaseks taignaks korralikult läbi.

c) Viimasena lisa äädikas ja sega korralikult läbi.

d) Võtke 1 6-tolline koogivorm ja määrige muffinivorm õliga ja määrige Maida abil tolmu,

e) vala tainas nendesse võrdselt.

f) Kuumuta mikrolaineahi 10 minutiks 180°C-ni. Küpseta neid eelsoojendatud mikrolaineahjus 20-25 minutit või olenevalt mikrolaineahjust valmimiseni.

g) Vahusta koort 3-4 minutit ja lase külmuda.

h) Tükelda kiivi ja viinamarjad.

i) Pärast küpsetamist laske sellel jahtuda ja eemaldage see vormist.

j) Määri mõlemale koogile vahukoort ja kaunista kalliskivide, šokolaadi, hakitud puuviljade ja viimasena meega.

SMUUTID JA JOOGID

78. Spinati, kiivi ja chia seemnekokteil

Valmistab: 2

KOOSTISOSAD
- 1½ tassi mandlipiima
- 1 tass pakitud spinatit
- 1 küps kiivi, kooritud ja tükkideks lõigatud
- 2 lusikatäit vanilje valgupulbrit
- 1 supilusikatäis chia seemneid
- peotäis jääkuubikuid

JUHISED
a) Blenderda ühtlaseks.
b) Maitse ja vajadusel reguleeri jääd või koostisosi.

79. Murakad, kiivi ja sidrun

Valmistab: 4 portsjonit

KOOSTISOSAD
- 1 kiivi, kooritud ja neljaks lõigatud
- 1 sidrun, viiludeks viilutatud
- 4 murakat

JUHISED
a) Pange koostisosad gallonisuurusesse klaaspurki.
b) Valage filtreeritud vette ja segage hästi.
c) Naudi jääga!

80. Kiivi ja salvei vesi

Valmistab: 6 portsjonit

KOOSTISOSAD
- 1 kurk, kooritud ja tükeldatud
- 1 spl värsket salvei
- 4 kiivit, kooritud ja neljaks lõigatud
- 6 tassi vett

JUHISED
a) Pane kannu kurk, kiivi, salvei ja neli tassi vett.
b) Segage kuni segunemiseni ja jahutage külmkapis.
c) Valage ülejäänud kaks tassi vett vahetult enne serveerimist.
d) Sega ja serveeri jahutatult.
e) Nautige!

81. Kiivi ja litši kihisev

Valmistab: 4 portsjonit

KOOSTISOSAD
- 2 spl litši, purustatud
- 3 tassi soodat
- 3 spl kiivi viile

JUHISED

a) Blenderis või köögikombainis segage kiiviviilud ja litši 1 tassi soodaga.

b) Pange ülejäänud soodavesi ja segage hästi. Serveeri jääkuubikutega.

82. Troopiline paradiis

Valmistab: 4 portsjonit

KOOSTISOSAD
- 1 kiivi, kooritud ja tükeldatud
- 1 vaniljekaun, piki poolitatud
- ½ mangot, tükeldatud

JUHISED
a) Pange mango, kiivi ja vaniljekaun 64-untsi kannu.
b) Pane filtreeritud vette või kookosvette.
c) Enne serveerimist jahutage.

83. Kiivi smuuti

Valmistab: 2 portsjonit

KOOSTISOSAD
- 3 kiivit, kooritud ja viilutatud
- 1 banaan, viilutatud
- 1 tass beebispinatit
- ½ avokaadot
- 2 spl mandlipiima
- 2 tassi mandlipiima
- 1 tass jääd
- 1 tl chia seemnet
- Ingveri viil

JUHISED
a) Leota 2 tassi mandlipiima chia seemnetega üleöö või vähemalt 30 minutit.
b) Tõsta lusikaga klaasi põhja.
c) Sega kiivi, banaan, jää, ingver, avokaado, spinat ja 2 spl mandlipiima kiires blenderis ühtlaseks massiks.
d) Vala peale chia puding.
e) Nautige!

84. Kiivi Margarita

Teeb: 2-3

KOOSTISOSAD
KIWI PÜREE
- 4 kiivit, kooritud ja kuubikuteks lõigatud
- ½ tassi vett
- ¼ tassi pruuni suhkrut

MARGARITA MIX
- 6 untsi Tequila Blanco
- 4 untsi kiivipüree
- 2 untsi apelsinilikööri
- 2 untsi laimimahla
- 2 tassi jääd

GARNIS
- Koššersool, laimiviil ja kiiviviil

JUHISED
KIWI PÜREE
a) Asetage koostisosad kastrulisse keskmisel kuumusel.
b) Segage hästi, kuni suhkur on lahustunud. Selleks peaks kuluma umbes 2 minutit
c) Katke ja küpseta, kuni kiivid on pehmed.
d) Tõsta segu blenderisse ja blenderda ühtlaseks massiks.
e) Valage anumasse ja kasutage vastavalt vajadusele.

MARGARITA MIX
a) Blenderda kõik margaritasegu koostisosad ja serveeri soolaäärtega margaritaklaasis.

85. Kiivi ja meloni smuuti

Valmistab: 2

KOOSTISOSAD
- 2 kiivit, kooritud ja tükeldatud
- 1 tass meemelonit, kooritud ja tükeldatud
- ½ tl värsket ingverit, hakitud
- 1½ lusikatäit magustamata valgupulbrit
- ½ supilusikatäit värsket laimimahla
- 1¾ tassi värsket viinamarjamahla
- ¼ tassi jääkuubikuid

JUHISED
a) Suure võimsusega blenderis ühendage kõik koostisosad ja segage ühtlaseks massiks.
b) Vala smuuti kohe kahte klaasi ja serveeri.

86. Kale kiivi smuuti

Valmistab: 2

KOOSTISOSAD
- 1 tass lehtkapsast, tükeldatud
- 2 õuna
- 3 kiivit
- 1 supilusikatäislinaseemned
- 1 spl mesilaspiima
- 1 tass purustatud jääd

JUHISED
a) Kombineeri blenderis.
b) Serveeri.

87. Vikerkaare kookose smuuti

Mark: 6

KOOSTISOSAD
ETTEVALMISTAMISEKS
- 2 mandariini, kooritud ja segmenteeritud
- 1 tass kuubikuteks lõigatud ananassi
- 1 tass tükeldatud mangot
- 1 tass viilutatud maasikaid
- 1 tass mustikaid
- 1 tass murakad
- 1 kiivi, kooritud ja viilutatud
- 2 tassi beebispinatit
- ½ tassi kookoshelbeid

SERVEERIMA
- 2 tassi kookosvett

JUHISED

a) Kombineeri suures kausis mandariinid, ananass, mango, maasikad, mustikad, murakad, kiivi, spinat ja kookospähkel.

b) Jagage 6 lukuga külmutuskoti vahel. Külmutage kuni kuu aega, kuni see on serveerimiseks valmis.

c) Asetage ühe koti sisu blenderisse ja lisage ⅓ tassi kookosvett. Blenderda ühtlaseks. Serveeri kohe.

88. Kiivi daquiri

Valmistab: 2 portsjonit

KOOSTISOSAD
- 1 kiivi, tükeldatud ja viilutatud
- 3 tl Suhkur
- 1 spl laimimahla
- 2 untsi rummi
- 1 tilk rohelist toiduvärvi
- 8 jääkuubikuid, purustatud
- 2 õhukesed kiivi viilud

JUHISED
a) Töötle kõik koostisosad, välja arvatud kiiviviilud, blenderis ühtlaseks massiks.
b) Serveeri varrega klaasides, kaunistades iga klaasi serva kiiviviiluga.

89. Kiivi jahuti

Valmistab: 4 portsjonit

KOOSTISOSAD
- 8 kiivit, kooritud ja tükeldatud
- 4 tassi Sprite
- 2 apelsini mahl
- Jääkuubikud

JUHISED
a) Suru kiivid blenderis ühtlaseks massiks ja kurna mahl.
b) Asetage kiivimahl, Sprite ja apelsinimahl kannu ning segage segu.
c) Täida iga klaas jääga ja jaga segu klaaside vahel.

90. Maasika-kiivi smuuti

Valmistab: 1 portsjon

KOOSTISOSAD
- ½ tassi piima
- 1 pint Värsked maasikad, pestud ja kooritud
- 1 kiivi, kooritud
- 2 teelusikatäit Suhkur
- 1 liitrit vaniljejäätist

JUHISED
a) Blenderis blenderis kõik koostisosad peale jäätise, kuni puuviljad on püreestatud.
b) Lisa jäätis ja blenderda ühtlaseks ja paksuks.
c) Serveeri kohe.

91. Õunakiivi rohelised smuutid

Valmistab: 2

KOOSTISOSAD
- 1 banaan, kooritud
- 1 suur roheline õun, südamikust puhastatud ja tükeldatud
- 3 kiivit, kooritud ja kuubikuteks lõigatud
- 1 tass magustamata jogurtit
- 1 tass vett
- 2 tassi spinatit

JUHISED
a)   Lisa blenderis koostisained järjekorras ja blenderda ühtlaseks massiks.

92. Kiivi, ingveri ja banaani smuuti

Valmistab: 4

KOOSTISOSAD
- 3 kiivi
- 4 spl mahepudru kaera
- 1 banaan
- 8 jääkuubikut
- 200 ml mahepiima
- 250 g orgaanilist rasvavaba naturaalset jogurtit
- ½ cm tükk värsket ingverit, peeneks riivitud
- kallis, valikuline

JUHISED
a) Smuutid on tavaliselt lihtsaim viis julgustada oma lapsi proovima erinevaid puuvilju. Otsustage lihtsalt hea maitsekombinatsiooni kasuks, segage see kõik üles ja jooge! Lastele meeldib nende valmistamisel kaasa lüüa.

b) Tõstke kiivid peal ja sabaga ning asetage need otstele. Lõika nahk terava noaga vertikaalseteks ribadeks. Vahusta kiivi koos ülejäänud koostisosadega, välja arvatud mesi, blenderis 30 sekundit ja vala 4 kõrgesse klaasi. Soovi korral magustage vähese meega.

93. Kiivi limonaad

Valmistab: 4

Koostisained
- 4 kiivi, kooritud
- 12 untsi külmutatud limonaadikontsentraadi purk, sulatatud
- 3 tassi gaseeritud sidruni-laimi jooki, jahutatud

JUHISED
a) Lõika kiivi tükkideks.
b) Töötle puuviljatükid ja limonaadikontsentraat köögikombainis ühtlaseks massiks.
c) Valage segu läbi traatsõela kannu, visates kuivained ära.
d) Sega sidruni-laimi jook vahetult enne serveerimist.

94. Vikerkaare kookose smuuti

KOOSTISOSAD
ETTEVALMISTAMISEKS
- 2 mandariini, kooritud ja segmenteeritud
- 1 tass kuubikuteks lõigatud ananassi
- 1 tass tükeldatud mangot
- 1 tass viilutatud maasikaid
- 1 tass mustikaid
- 1 tass murakad
- 1 kiivi, kooritud ja viilutatud
- 2 tassi beebispinatit
- ½ tassi kookoshelbeid

SERVEERIMA
- 2 tassi kookosvett

JUHISED
a) Kombineeri suures kausis mandariinid, ananass, mango, maasikad, mustikad, murakad, kiivi, spinat ja kookospähkel.
b) Jagage 6 lukuga külmutuskoti vahel. Külmutage kuni kuu aega, kuni see on serveerimiseks valmis.
c) ÜHE PORTSIOONI VALMISTAMINE: asetage ühe koti sisu blenderisse ja lisage ⅓ tassi kookosvett. Blenderda ühtlaseks.
d) Serveeri kohe.

95. Kiivi Guajaav Burst Smuuti

Valmistab: 2

KOOSTISOSAD
- 1 kiivi
- 1 guajaav
- 1 tass kookosvett
- Värsked piparmündioksad
- jääkuubikud

JUHISED
- Lõika kiivi ja guajaav väikesteks tükkideks ning blenderda kõik koostisosad.

96. Sinine Smoothie Bowl

Valmistab: 1 smuutikauss

KOOSTISOSAD
- 1½ küpset banaani, kooritud ja külmutatud
- 1 tass värsket mangot, külmutatud
- ½ tassi kookospiima jogurtit
- ¼ tassi magustamata mandlipiima või kookospiima
- ¼ tassi apelsinimahla
- 1 tl laimi koort
- 2 kuni 3 tl sinise spirulina pulbrit või siniherne lillepulbrit
- ½ tassi jääd

TÄIDISED:
- ⅓ tassi Bob's Red Mill Paleo müslit
- ¼ tassi värskeid mustikaid
- 1 kiivi, kooritud ja viilutatud
- ¼ tassi värsket mangot, kooritud ja tükeldatud

JUHISED
- Lisa kõik smuutikausi koostisosad blenderisse ja blenderda ühtlaseks massiks.
- Vala sinine smuuti kaussi ning tõsta peale paleomüsli ja värsked puuviljad.

97. Spirulina puuviljasmuuti

Valmistab: 2

KOOSTISOSAD
- Kiivi
- ¼ tassi marju
- ½ tassi jogurtit
- ½ tassi jääkuubikuid
- 1 tl Spirulinat

JUHISED
a) Blenderda koostisained elektriblenderis ja vala segu seejärel kõrgesse klassi. Eelistatav on juua see kohe pärast valmistamist.
b) Saate lisada kiivisid, banaane, mangosid ja piparmündi või ingveri maitseid, kõik sõltub teie ja teie eelistustest.

98. Rosmariini vesi

Valmistab: 4 portsjonit

KOOSTISOSAD
- 1 värske rosmariinioksake, õrnalt krõmpsutatud
- 1/2 greipi, viiludeks viilutatud
- 1/2 kiivi, kooritud ja tükeldatud

JUHISED
a) Asetage koostisosad kannu.
b) Valage kookosvesi ja segage, kuni see on segunenud.
c) Jahuta üleöö.

99. Viinamarja-meloni löök

Saagis: 3 portsjonit

1 tass rohelisi viinamarju, seemneteta
1 sidrun, kooritud
1/4 väikest meemelonit
2 kiivi, kooritud
3/4 tassi spinatit, tükkideks rebitud

1. Kombineerige mahl hoolikalt, et segada kõik ülaltoodud koostisosad.
2. Serveeri kohe ja naudi!

100. Roheline ja nami

Saagis: 2 portsjonit

1 kiivi, kooritud
1 virsik, kivideta
2 õuna
2 tassi hakitud sinepirohelist
2 varssellerit

1. Lükake koostisosad mahlapressi.
2. Vala klaasidesse ja serveeri kohe.

KOKKUVÕTE

Kiivid on väikesed puuviljad, mis sisaldavad palju maitseid ja palju vitamiine, mineraale ja võimsaid taimseid ühendeid. Need on magusad, kergesti söödavad ja väga toitvad. Lisaks pakuvad need väikesed puuviljad muljetavaldavat kasu tervisele. Kiivide söömine on suurepärane viis C-vitamiini ning paljude teiste antioksüdantide ja põletikuvastaste ühendite tarbimise suurendamiseks. Kiivid võivad olla kasulikud ka teie südame ja seedesüsteemi tervisele!

www.ingramcontent.com/pod-product-compliance
Lightning Source LLC
Chambersburg PA
CBHW070410120526
44590CB00014B/1334